教育部人文社会科学重点研究基地·浙江大学民营经济研究中心资助项目
国家自然科学基金面上项目（项目批准号：71773112）
浙江省自然基金重点项目（项目批准号：LZ21G030003）
浙江理工大学科研启动基金项目（项目编号：19092419-Y）

CRPE
CENTER FOR RESEARCH OF PRIVATE ECONOMY, ZHEJIANG UNIVERSITY
浙江大学民营经济研究中心

偏向性政策、资源配置与企业高质量发展

U0648093

沈璐敏　著

PIANXIANGXING ZHENGCE
ZIYUAN PEIZHI YU
QIYE GAOZHILIANG FAZHAN

ZHEJIANG UNIVERSITY PRESS
浙江大学出版社

图书在版编目（ＣＩＰ）数据

偏向性政策、资源配置与企业高质量发展 / 沈璐敏编
著. -- 杭州 : 浙江大学出版社, 2021.1
ISBN 978-7-308-21065-2

Ⅰ. ①偏… Ⅱ. ①沈… Ⅲ. ①资源配置—影响—企业
管理—经济效率 Ⅳ. ①F272

中国版本图书馆 CIP 数据核字(2021)第 021770 号

偏向性政策、资源配置与企业高质量发展

沈璐敏　编著

责任编辑　赵　静
责任校对　胡　畔
封面设计　林智广告
出版发行　浙江大学出版社
　　　　　　（杭州市天目山路 148 号　　邮政编码　310007）
　　　　　　（网址：http://www.zjupress.com）
排　　版　杭州林智广告有限公司
印　　刷　广东虎彩云印刷有限公司绍兴分公司
开　　本　710mm×1000mm　1/16
印　　张　11.5
字　　数　165 千
版 印 次　2021 年 1 月第 1 版　2021 年 1 月第 1 次印刷
书　　号　ISBN 978-7-308-21065-2
定　　价　48.00 元

目　录
CONTENTS

第一章
CHAPTER 1

导 论

第一节　研究问题

  党的十九大明确我国经济发展已由高速增长阶段转向高质量发展阶段，党的十九届五中全会将推动高质量发展确定为"十四五"时期经济社会发展的主题，如何实现高质量发展成为社会各界热切关注的焦点问题。作为高质量发展的动力源泉，全要素生产率的提高起到至关重要的作用。党的十九大报告指出，必须坚持质量第一、效益优先，以供给侧结构性改革为主线，推动经济发展质量变革、效率变革、动力变革，提高全要素生产率。全要素生产率实质上是一种资源配置效率，通过调整产业结构、提高企业竞争、创新竞争等方式优化资源配置能促进全要素生产率提升。正确发挥政府与市场的作用，实施有利于资源合理配置的政策举措是提高企业全要素生产率、促进企业高质量发展的关键所在。（蔡昉，2018）

  事实上，自1993年党的十四届三中全会将市场定位为对资源配置起基础性作用以来，政府部门总体上越来越注重发挥市场机制的作用，从党的十六大提出"在更大程度上发挥市场在资源配置中的基础性作用"到党的十七大强调"从制度上更好发挥市场在资源配置中的基础性作用"，以及党的十八届三中全会指出"使市场在资源配置中起决定性作用"等均可见一斑。但仍需指出的是，在实际操作中，自2002年以来，为应对经济过热、产能过剩、金融危机等一系列问题，政府干预有所增加（江飞涛和李晓萍，2018）。在具体实践中，政府干预会带有一定的偏向性。以产业政策为例，江飞涛和李晓萍（2018）指出，党的十八大以来，中国的产业政策开始重视使用功能性产业政策与创新政策，然而选择性产业政策依然占据主导地位。典型的选择性产业政策有对国有企业的补贴，对特定区域的倾斜性优惠以及偏向创新驱动发展的政策等。

目前，学术界对政府实施偏向性政策持褒贬不一的态度。Stiglitz & Greenwald（2014）认为，后发国家最缺的是学习能力。考虑到在知识的生产和传播过程中，市场是无效的，故政府能在促进社会的学习能力上有所作为。Carboni（2011）等的研究表明，政府研发补贴对企业研发活动产生正面影响。就中国而言，Aghion，Cai，Dewatripont 等（2015）研究发现，促进竞争的政府补贴、税收减免等政策能够显著提升企业全要素生产率；韩永辉、黄亮雄和王贤彬（2017）研究表明，政府干预显著促进了市场化程度较高地区的企业全要素生产率。宋凌云和王贤彬（2013）的研究指出，受到地方政府重点产业政策支持行业的全要素生产率高于没有受到地方政府重点产业政策支持的行业。

另有一些学者则对偏向性政策持消极态度。Wallsten（2000）研究表明，政府研发补贴有可能挤出企业自身研发投入，进而在一定程度上阻碍企业的创新行为。Hu（2001）研究发现，政府研发对私人研发支出有显著的促进作用，但政府研发对提升企业生产率无显著影响，只有私人研发会促进企业生产率的提升。安同良等（2009）指出，由于信息不对称和逆向选择行为，企业经常发送虚假的"创新类型"信号以获取政府研发补贴，导致政府直接资助企业创新的政策效果不佳。江飞涛和李晓萍（2010）指出，受到国家信贷、税收、土地等优惠政策扶持的产业往往更容易出现投资过多、产能过剩等情况。黄先海、宋学印和诸竹君（2015）等的研究表明，政府过高的补贴会引致企业"寻补贴"行为，导致补贴政策实施效果背离初衷。孙晓华和李明珊（2016）发现，2008 年全球金融危机背景下，政府"一揽子计划"激化了国有企业的过度投资行为，却带来国有企业生产效率的恶化。孟辉和白雪洁（2017）针对新兴产业的研究指出，政府过度扶持反而导致资本配置扭曲严重，恶化企业全要素生产率。

中国政府实施偏向性政策干预的初衷往往是为了优化资源配置，提高企业效率，促进经济发展，但是在实施过程中，偏向性政策干预的效果则经常背离政府制定经济政策的初衷，扭曲市场对资源的配置，降低企业效率。那么，究竟何种类型的偏向性政策能提高资源配置的有效性，促进企业高质量发展？如果偏向性政策扭曲了资源配置，那么其扭曲的机制又是什么？政府在推行偏向性政策时应注意哪些问题？现有关于偏向性政策影响企业发展的研究大多使用政府补贴、税收优惠、法规数量等指标度量干预程度，探讨偏向性政策对企业发展的影响，但这种研究方法只检验偏向性政策与企业发展两者之间的相关关系，不能清晰刻画偏向性政策对企业发展作用的因果效应与影响机制（钱雪松、康瑾、唐英伦等，2018）。鉴于偏向性政策种类众多，本书从企业的生产函数出发，聚焦于资本、土地、创新要素偏向三个典型的视角，主要运用准自然实验的研究方法探寻偏向性政策与企业高质量发展之间的因果关系，通过分析不同类型偏向性政策对资源配置及企业高质量发展产生的影响和作用机制，为偏向性政策的优劣做出较为全面的评估，并为政府部门更好地推行经济政策以促进企业全要素生产率增长，实现高质量发展提供相关政策启示。

第二节　研究意义

一、理论意义

有助于理解资本偏向性政策作用于资源配置及企业高质量发展的理论机制。本书第四章在经典的 Melitz（2003）模型中融入具有中国特色的国有、民营二元结构，构建更符合中国国情的理论模型，研究偏向国有企业的资本补贴政策对国有、民营企业全要素生产率及过剩产能的影响及作用机理。该理论模型为后续研究国有、民营二元经济提供了一个简洁的分析框架，有助于人们更加深入地理解中国企业低效率及产能过剩的原因，并为中央政府"双管齐下"治理国有"僵尸产能"及民营落后产能提供理论依据。

有助于理解土地偏向性政策作用于资源配置及企业高质量发展的理论机制。本书第五章基于向海要地的典型事实，理论分析偏向沿海县的土地政策对土地配置及企业全要素生产率的作用机理。在既定的对上负责及晋升激励下，地方政府更加关注短期经济增长，实施偏向性土地政策可能使受益地将土地更多地分配给产值大、符合国家产业政策导向的企业，而非具有本地比较优势的企业，扭曲土地资源配置。

有助于理解创新要素偏向性政策作用于资源配置及企业高质量发展的理论机制。作为创新要素集聚的主要载体，开发区升级会带给区内企业更多的政策优惠，但开发区升级对企业生产率的影响可能受到开发区类型的异质性影响而存在差异，不能一概而论。本书第六章从开发区升级影响的异质性、开发区升级的成本推动效应及产业集聚效应三个方面对升级可能给企业产生的影响及作用机制进行详尽的理论分析，为理解创新要素偏向性政策的作用机理提供新的思路。

二、现实意义

自 2002 年以来，出于对经济过热的忧虑及对金融危机冲击等的考虑，中国政府加大了对市场及微观经济的干预。其中全面对外开放、鼓励创新等经济政策极大地推动了企业效率提升及经济发展，而直接干预性的政策措施导致了一些日趋突出的不良效应（江飞涛和李晓萍，2018）。不良政策效应包括导致设租与寻租、妨碍产业效率的提升、一些产业较为严重的产能过剩等问题（李平，2018）。近年来，处置国有"僵尸企业"成为化解过剩产能的重中之重。结合产能过剩新问题客观评价偏向国有企业的资本补贴政策带来的影响，有助于为深化国有企业改革提供经验支持。

既有文献多评估 2004 年前后土地政策拐点对东中西部地区的不同影响，这类研究指出偏向中西部的土地政策促进了欠发达地区的发展，但损害了东部地区的总体效率，进而引出公平与效率的权衡问题。美中不足的是，上述文献停留于宏观层面的分析，没有给出微观层面的证据。本书第五章以独特的视角考察同样面临土地约束的东部省份内，偏向沿海县的土地政策对当地企业全要素生产率带来的影响，为土地偏向性政策带来公平与效率的权衡问题提供微观证据。

现有文献关于开发区对企业生产率影响的研究基本上都集中于 2008年及以前，但在 2008 年国际金融危机之后，世界经济形势发生了较大变化，开发区面临的发展环境、条件、任务、要求等也都随之有所改变。本书第六章首次使用工业企业数据库系统评估省级开发区升级对企业生产率的影响，这对新形势下更好地发挥开发区创新要素，集聚优势及政策优势，引领我国企业提高全要素生产率，实现高质量发展具有重要的现实意义。

第三节 研究内容与方法

一、研究内容

本书主要以企业全要素生产率度量企业高质量发展水平，研究偏向性政策对资源配置及企业高质量发展产生的影响。具体而言，选取资本偏向、土地偏向及创新要素偏向三个典型的视角，探讨偏向性政策对资源配置及企业生产率的影响效应及作用机制，最终为政府更好地实施经济政策以助推高质量发展提供政策启示。具体而言，本书的研究内容分为如下六个部分。

第一章为导论。主要论述本书的研究问题与意义，介绍研究内容、研究框架和研究方法，说明可能的创新点。

第二章是文献综述。首先回顾推行偏向性政策的理论依据，分别为新古典经济学中的"市场失灵"理论、有关后进国家赶超型发展的理论及新结构经济学中"有为政府"理论；其次梳理偏向性政策、资源配置与企业发展的文献，分别包括偏向性政策与资本、劳动、土地、创新要素配置及企业发展的文献；最后对现有文献研究进行简要评述。

第三章是偏向性政策、资源配置与企业高质量发展——一个理论框架。本章从企业的生产函数出发，从资本、劳动、土地、创新要素四个方面逐一分析要素偏向性政策对资源配置与企业高质量发展的影响，为后文详细研究资本、土地、创新要素偏向性政策的作用机理搭建理论框架。

第四章是资本偏向性政策、资源配置与企业高质量发展。本章以煤炭行业为例，在国有、民营二元经济结构下基于 Melitz（2003）异质性企业模型，探讨偏向国有企业的资本补贴政策对国有、民营企业全要素生产率及社会福利的影响。研究发现，偏向国有煤炭企业的资本补贴政策虽有利于保障安全清洁生产，但会带来全要素生产率损失。获得较少补贴且没有能力投资安全清洁生产设备的民营煤炭企业则以政企合谋的方式存活在市场上，形成落后的过剩产能。在理论研究的基础上，数值模拟了补贴政策与政企合谋对各类所有制企业存活生产率、产能过剩企业比例及社会福利的影响。

第五章是土地偏向性政策、资源配置与企业高质量发展。现有文献多研究 2003 年后偏向中西部的土地政策对东、中西部的不同影响，本章利用中国工业企业数据库，采用双重差分法研究同样面临土地供应收紧政策的东部省份内，沿海县相比于没有海涂资源的邻县，通过围填海造地增加土地供给对企业全要素生产率的影响及其作用机制。具体而言，首先从进入退出视角考察沿海县通过围填海造地放松土地约束对企业全要素生产率的影响；其次，重点比较土地密集型企业相对于非土地密集型企业受到围填海造地带来的影响差异；再次，剖析沿海县通过围填海增加土地供给对企业全要素生产率产生影响的作用机理；最后，从不同角度对实证结果进行稳健型检验，并进一步讨论沿海县围填海造地给企业带来的规模效应及长期效应。

第六章是创新要素偏向性政策、资源配置与企业高质量发展。作为新时代落实创新驱动发展战略、推动中国经济实现高质量发展的重要载体，国家级开发区肩负着转型升级、创新发展的核心任务。本章借助省级开发区升级这一准自然实验，研究创新要素偏向性政策对资源配置及企业生产率的影响。具体而言，首先评估开发区升级对企业生产率的总体影响和异质性影响；其次，从开发区升级的成本推动效应和产业集聚效应检验开发区通过改变资本、土地资源的配置升级对企业生产率产生影响的作用机制；最后，以产业集群发展活跃的浙江省为例，检验开发区通过产业集群升级对企业生产率的影响。

第七章是结论与展望。对本书的研究内容进行总结性阐述，归纳出政策启示，指出本研究存在的不足及以后的研究展望。

二、研究框架

图 1-1 展示了本书的研究框架。

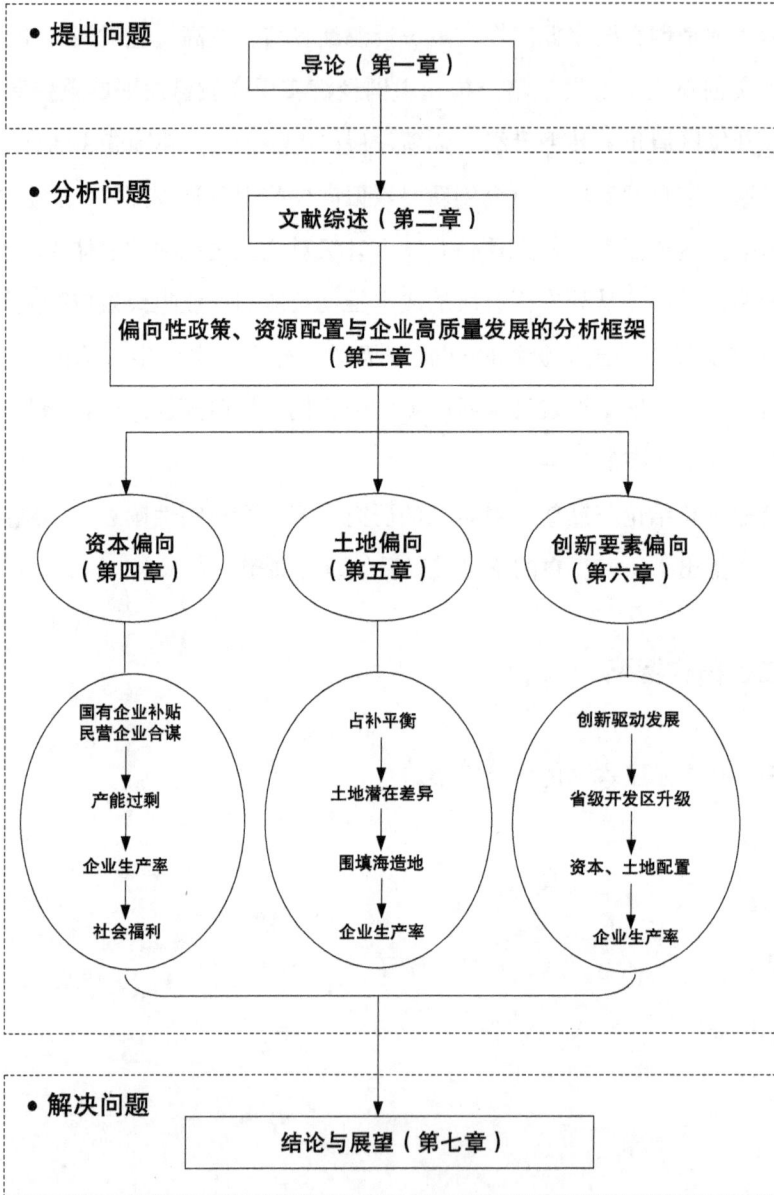

图 1-1　研究框架

三、研究方法

本书主要采用理论建模和实证分析的方法进行研究，同时也用到定性分析、空间分析、逻辑推理、比较分析等方法进行概括梳理、描述性统计及提炼总结。

1. 理论建模

本书第四章将 Melitz（2003）模型拓展到国有、民营二元经济结构，探讨偏向国有企业的资本补贴政策对国有、民营企业全要素生产率及产能过剩的作用机理。在理论模型搭建的基础上进行模型校准与政策模拟，估计了补贴政策与政企合谋对不同所有制企业存活生产率、产能过剩企业比例的影响，以及不同政策路径下社会福利的变化。

2. 实证分析

本书的第五章和第六章均使用目前政策效果评估领域应用最广的双重差分法研究土地偏向性政策及创新要素偏向性政策对资源配置和企业生产率的影响。双重差分法的计量模型较为简单，估计方法相对成熟。基于准自然实验的双重差分法能够充分利用政策的外生冲击研究政策的影响效应，在解决内生性问题上优于传统研究方法（陈林和伍海军，2015）。若结合固定效应使用双重差分法，则不仅可以避免逆向因果关系带来的内生性问题，还可以缓解个体层面遗漏变量引起的内生性问题。在具体使用过程中，结合数据结构及研究需求，分别使用两期双重差分法、多期双重差分法、三重差分法、双重差分倾向得分匹配法，识别向海要地及开发区升级对资源配置与企业生产率的作用效果。

3. 其他方法

除了使用理论建模与实证分析的研究方法外，本书还使用定性分析、空间分析、逻辑推理、比较分析等方法进行研究。例如，使用定性分析方法对现有文献进行梳理总结，以把握偏向性政策的研究进展，找出已有研究存在的不足和局限，并据此确定本研究的选题。利用 ArcGIS 软件对沿海县及邻县的地理特征进行空间分析。使用逻辑推理方法就向海要地及开发区升级政策对企业生产率的作用机理进行判断推测，为实证分析提供检验方向。多处运用比较分析方法探讨偏向性政策对不同特征企业的异质性影响。

四、主要的创新点

本书可能的创新之处主要有以下几点。

（1）突破性地构建具有中国特色的国有、民营二元结构模型，以偏向国有企业的资本补贴为视角，分别探讨政府补贴与政企合谋对不同所有制企业全要素生产率及过剩产能的影响及作用机理。该项工作为后续研究国有、民营二元经济提供了一个新的分析框架，从政企合谋视角为民营企业落后产能过剩及淘而不汰提供理论证据，同时为中央政府"双管齐下"治理产能过剩，实现高质量发展提供政策依据。

（2）现有文献多评估 2004 年前后土地政策拐点对东、中西部地区的不同影响，本书第五章以独特的视角考察同是在土地供应收紧的东部省份内，沿海县相对于其邻县，通过围填海造地增加土地供应对当地企业全要素生产率带来的影响及作用渠道。相关结论为偏向性土地政策带来公平与效率问题提供企业层面的微观证据。

（3）既有文献多用补贴数量、法规数量等指标度量偏向性政策，在此基础上检验偏向性政策的影响效果，但这种研究方法无法清晰揭示出偏向性政策影响的因果效应及作用机理，而利用准自然实验方法进行评估可以更好地考察偏向性政策带来的因果效应（钱雪松、康瑾、唐英伦等，2018）。本书第六章利用开发区升级这一准自然实验，评估创新要素偏向性政策对企业生产率的影响，为创新驱动发展提供经验证据。此外，现有文献较少从土地视角解释开发区对企业生产率的作用机理，本书基于 Python 网络爬虫技术获取中国土地市场网 2007 年以来的每一宗土地交易数据，并将其汇总到县级层面，探讨开发区通过推动用地成本升级对企业生产率的影响，为理解开发区升级对企业生产率的作用渠道提供新的视角。

第二章
CHAPTER | 2

文献综述

第一节 偏向性政策的理论依据

本书将偏向性政策定义为政府对特定的对象（企业、行业或地区）提供倾斜性的资本、劳动、土地、创新要素等优惠政策，区别于一般的普惠制政策。推行偏向性政策的理论基础可以归纳为三条主线：新古典经济学中的"市场失灵"理论、有关后进国家赶超型发展的理论及新结构经济学中的"有为政府"理论。

一、市场失灵理论

新古典"市场失灵"理论指出，市场机制能使资源配置实现帕累托最优，但需要满足信息完善对称、市场完全竞争、经济活动不存在外部性等条件；在不满足上述条件的情况下，市场机制配置资源将是低效的，即产生"市场失灵"现象。现实生活中，信息不完善、不对称，市场不完全、外部性等问题时常存在，市场失灵也就不可避免地会在某些领域出现，此时便需要政府的介入以弥补市场失灵。在论述政府干预的必要性时，对"市场失灵"问题的探讨集中于如下几点。

1. 信息不完善、不对称和"市场失灵"

市场机制实现资源配置帕累托最优的其中一个必要条件是需要信息完善且对称，即买卖双方都充分了解所交易的商品或服务，且掌握的信息完全相同。如果商品或服务的质量容易判别，则上述条件基本上可以满足，因为买卖双方能根据商品和服务的质量高低调整价格，进而促进双方的福利。然而，现实生活中的商品种类繁多，消费者往往需要花费很多时间精力才有可能把握商品的性质，生产者拥有的信息则相对充分。在消费者和生产者掌握的信息既非完善又非对称的情形下，卖方会通过隐瞒信息、欺骗等方式损害消费者利益，增进个人的利益。所以，如果信息是不完善、不对称的，那么市场机制并不能实现资源的最优配置，政府干预就有存在的必要。

2. 垄断与"市场失灵"

市场机制在完全竞争的条件下能实现资源最优配置。完全竞争市场要求市场上存在着众多的买者和卖者，没有任何人能够影响价格的形成，同时，资源的自由流动不存在障碍。在这种情形下，人为的高价是不能维持的，迫使生产者将生产成本和价格保持在可能的最低平均水平，生产处在最有效率的状况，消费者也享有最大的福利。但在垄断状况下，生产者会因竞争不足而产生低效率问题，消费者则因价格偏高而减少消费，垄断行业的产量低于充分竞争市场的产量，资源配置没有达到帕累托最优。价格机制不能保证资源在垄断市场上实现最优配置，因此需要政府对垄断行业制定必要的管制政策，否则，企业会利用其垄断地位，获取超额利润，损害消费者的利益。

3. 外部性与"市场失灵"

市场机制有效配置资源要求经济活动不存在外部性，即每个经济行为人的生产或消费行为不会影响他人的福利。但这个条件在现实经济活动中并不总是成立，经济行为人的生产或消费行为难免会存在一些相互影响的关系，即外部性问题。无论是消费还是生产的外部性，都有正向效应和负向效应之分。

经济学上的外部性指社会成本与私人成本不相等，社会收益与私人收益不相同所带来市场配置资源的低效。如果一项经济活动可以增加社会福利，但提供者却不能得到相应报酬，就是社会收益大于私人收益的情形；

如果一项经济活动会增加社会成本，而这种成本却并不由从事这项活动的人承担，就是社会成本大于私人成本的情形。在社会收益大于私人收益的情形下，这项活动的供给量会小于使资源配置最优所需的供给量，研发的供给就是这类情形的典型，其具有正外部效应的行为。在社会成本大于私人成本的情形下，这项活动的供给量就会大于使资源最优配置所需的供给量，产生严重污染的生产活动就是这方面情形的典型，具有明显的外部负效应。外部效应的存在使得政府有必要对正外部性的活动进行补贴，而对负外部性的活动进行限制。

4. 公共物品与"市场失灵"

公共物品指一个行为主体消费一单位的某种物品不减少其他行为主体对该物品的消费的物品。非排他性和非竞争性是公共物品的两大特性：非排他性意味着一个人对某种物品的消费无法排除其他人同时消费该物品，非竞争性指增加一个消费者不会影响其他人对该物品的消费。公共物品是社会经济发展的必需品，道路、桥梁及其他基础设施等都是公共产品的典型例子。但因为公共物品并不具备收益属性，其提供者无法通过公共物品获取收益，因此在市场机制中，公共物品的供给水平往往低于社会最优状态下的均衡数量。这意味着公共物品需要由政府提供，而非市场。

5. 科学技术研究、开发与"市场失灵"

"市场失灵"的一个经典研究领域是科学技术的研究和开发。科技研究与开发的独特性在于：首先，科技成果具备消费上的非排他性，容易被广泛扩散和传播应用，在缺乏对科技研究与开发成果的保护时，发明者无法以有效途径保护自身权益，最终导致经济体中科学研究和技术开发活动的激励性不足，社会的科技进展滞后。因此政府有必要承担起维护发明者独享权益的责任。其次，部分科研活动尽管具有深远的研究价值，但从成本角度考虑，其高投入、高风险的特性，与私人资本谋求高收益、低风险的行动准则有悖。因此政府有必要采取给予资助、提供担保等措施对这类活动进行引导。最后，部分科技成果还具有显著的规模经济效益和正向外部性，但私人资本对这类科技成果的开发动机较弱，需要政府通过政策手段激励私人资本生产，调整社会中这类科技成果的总供给。具体的，政府可以通过参与组织和给予资助的方式，将研究活动转变为公共物品以更好地实现其社会外部性价值。

二、经济发展理论

除了上述"市场失灵"问题可作为政府干预的理论依据之外，第二次世界大战之后，日本广泛推行将经济发展理论作为政府干预的理论依据。日本实施的政策干预因在战后取得明显成就而获得世界各国的广泛关注，尤其得到发展中国家的关注。日本在进行政策干预，特别是推行产业政策时所提出的理论依据主要有以下三点。

1. 新建产业论

"新建产业论"由德国经济学家李斯特于 19 世纪中叶提出，该理论强调工业发展落后的国家必须保护本国新建产业，才能促进其发展，奠定强大的工业基础。经济不发达的国家在建立新兴产业初期，鉴于经济规模尚未形成且缺乏发展经验，其新建产业必然无法与发达国家的成熟产业进行竞争，故需要政府制定产业保护政策、贸易保护政策和其他必要政策来帮助企业解决成长过程中遇到的困难，促进其成长，等到产业发展成熟后再与发达国家相竞争（Gillis, Perkins, Roemer 等，1987）。"新建产业论"在当时得到法、德、意、俄等众多欧洲国家的认同，这些国家在工业发展早期均对以重工业为代表的本国制造业采取高度保护政策，给予这些产业各种优惠政策以促进其快速发展。在亚洲，日本于第二次世界大战之后成功推行产业政策，并取得显著成绩，引起发展中国家的广泛关注。实际上，日本政府在 19 世纪中叶实施的许多产业政策也是以保护国内重要产业为主要内容，并直接介入一些重点产业的经营发展，即"殖产兴业"政策。

2. 结构性冲击与退出障碍

历史经验告诉我们，经济不发达的国家如果采取恰当的发展战略有可能获得比发达国家更快的经济发展速度，但经济的高速增长时常会带来产业结构的猛烈变动，致使一些行业出现产能过剩及退出困难。对这类产能过剩严重、陷入发展困境的衰退行业实施调整援助政策，是第二次世界大战之后日本等后起国家产业政策的一大特点。由于资本专用性及进入退出障碍的存在，市场机制无法保证将衰退产业的资源重新配置到新兴产业，故需要政府采取调整援助政策加以解决。具体而言：首先，资本专用性的存在使得一个行业的生产设备很难被另一个行业使用，尤其是传统产业与新兴产业之间的资本品转移更为困难，典型的如石油行业的设备难以进入计算机行业；其次，劳动力技能的差异及工资的相对刚性也使得劳动力在不同行业之间存在转移困难；最后，有前景的产业可能存在技术能力、市场开发能力等进入壁垒，导致衰退产业的资源难以进入新的产业部门。基于上述原因，若政府不对传统产业实施结构调整援助政策，衰退产业的大量资源将不能得到新的有效利用，造成资源浪费，并可能因长期亏损而带来失业等社会问题。

3. 产业结构的演变规律和后发优势

鉴于在经济发展过程中，产业结构的演变常常有规律可循，典型的规律如配第—克拉克定理、库兹涅茨产业结构论、霍夫曼定理、罗斯托主导产业理论、钱纳里工业化阶段理论、赤松要"雁行形态"理论等，许多学者提出发展中国家可以通过实施产业政策，优先发展一些重点产业，加快经济发展。发展中国家可以借鉴发达国家的发展经验和技术成果，结合本国国情，选择合适的产业和技术进行优先发展，获取最佳的经济效益，加快工业化进程，实现经济发展的"赶超"，即所谓的"后发优势"。具体而言，经济落后国家可以根据发达国家人均国民收入水平对应的需求弹性来确定本国现阶段最适合发展的行业，并根据本国目前的技术、资本、劳动等生产要素水平从国外引进必要的先进技术、投资资金及优秀人才，促使这些产业发展壮大。总之，产业结构演变规律的可循性及后发优势的存在使得经济落后国家拥有比发达国家更大的产业政策实施空间。

三、有为政府理论

林毅夫教授于 2010 年提出用于指导发展中国家制定发展政策的新结构经济学，强调经济发展是一个动态的结构变迁过程，既需要依靠"有效的市场"来形成能够反映要素稀缺性的价格体系以诱导企业按比较优势来选择产业、技术，从而形成竞争优势，也需要"有为的政府"来解决产业升级过程中基础设施完善的协调问题及企业遇到的外部性问题，即有为政府理论。

以有为政府理论为核心内容的新结构经济学是继第二次世界大战后盛行的"结构主义"和 20 世纪七八十年代流行的"新自由主义"后发展经济学的第三波思潮。"结构主义"建议实施政府干预克服市场失灵，提倡实行"进口替代战略"，优先发展资本密集型现代化大产业，促使发展中国家实现经济赶超；"新自由主义"建议取消所有的政府干预，建立完善的市场经济体制，推行被称为"华盛顿共识"的自由化改革。但是，"结构主义"和"新自由主义"都没能帮助发展中国家实现国家富强的目标。不同于发展经济学的前两波思潮，新结构经济学强调经济发展既需要建立完善的市场经济体系，也需要一个因势利导的政府。

新结构经济学认为许多社会主义发展中国家在转轨过程中未能实现有力增长的主要原因之一是其不顾本国禀赋结构的比较优势，优先发展资本密集型重工业，实施违背自身禀赋优势的发展政策。这种发展战略使得政府必须去保护重工业部门中大量没有自生能力的企业，带来许多诸如资源配置扭曲及运营成本提高等弊端（Lin，2009）：首先，政府需要为这些缺乏竞争力的企业提供大量的保护补贴；其次，政府还需通过赋予企业垄断权力、给予企业过低的利率及原材料价格等措施帮助企业降低投资、运营成本，这造成资金、原材料等资源配置扭曲；再次，为保护重工业企业免受进口产品竞争，本国政府提高进口产品的价格，使得经济的消费组合未能达到应有的经济效率；最后，行业垄断及行政保护增加寻租、腐败的机会，提高企业的运营成本和交易费用（Krugman，1993）。

新结构经济学认为选择符合自身比较优势的发展战略是一个不发达国家实现经济腾飞的关键。该理论从要素禀赋结构切入，认为经济体的产业、技术，以及与产业、技术相适应的软硬基础设施均内生于该时点经济体拥有的要素禀赋结构。给定某一时间点，经济体的要素禀赋决定劳动、资本、土地等自然资源的总量及其相对价格，进而决定可选择技术和产业的生产成本。与要素禀赋结构相适应的技术与产业生产成本较低，具有比较优势，是该时点上最优的产业结构。经济体的要素禀赋结构在每一时点上给定不变，但会随着时间的推移发生变化。成功的发展战略能促使经济结构按照禀赋条件进行循序渐进的变化，动态地遵循比较优势及其演变规律，在每一个发展阶段上实行与发展阶段相适应的发展政策。新结构经济学传递的重要思想是经济体的要素禀赋相对价格决定具有比较优势的最优产业结构；经济增长会逐步改变要素禀赋结构及其相对价格，引起产业结构从资本和劳动力比例较低水平向较高水平演变。

新结构经济学指出政府应在发现及促进本国具有比较优势的产业上有所作为，但有为的政府不是要替代市场，而是弥补市场缺陷，发挥"增长甄别和因势利导"的作用，即确定一国具有比较优势的产业，并为这些产业消除增长瓶颈，帮助企业把这些产业做大做强。具体而言，政府应当选择恰当的国家作为本国产业升级的参照系，并将参照国成熟可贸易部门确定为本国具有比较优势的部门；改善基础设施和制度环境，吸引参照系国家的企业到本国投资；帮助企业降低交易费用，消除瓶颈限制，鼓励企业进行新的技术创新；向先行企业产生的外部性提供必要的激励补偿；通过设立工业园等方式创造局部优势，促使政府的有限资源在集中区域发挥最大杠杆效应。

第二节　企业高质量发展的内涵及测度

党的十九大报告提出"高质量发展"概念以来，学者们对宏观层面的经济高质量发展概念进行了不同视角的理解和界定，而对微观层面的企业高质量发展概念却缺乏探究。黄速建、肖红军和王欣（2018）认为企业高质量发展可以是企业发展的一种新状态，即企业实现或处于高水平、高层次、卓越的企业发展质量的状态。企业高质量发展亦可看作企业发展的一种新范式，即企业以实现高水平、高层次、卓越的企业发展质量为目标，超越以往只重视企业规模扩张、仅依靠增加要素投入的粗放式发展方式，走提供高品质产品和服务、强调经济价值和社会价值创造效率与水平、重视塑造企业持续成长的素质能力的道路。

目前关于宏观层面的经济高质量发展研究较为丰富，包括经济高质量发展的基本特质与支撑要素、经济高质量发展的制度逻辑、经济高质量发展的评判体系与测度、经济高质量发展的动力转换和效率变革、经济高质量发展的实现途径等方面的研究。然而，现有文献甚少对微观层面的企业高质量发展进行专门研究。在较少的微观层面企业高质量发展研究中，学者们主要使用企业产品质量或全要素生产率测度企业高质量发展水平。关于企业产品质量的研究方面，Amit（2010），Hallak & Schott（2011），Kugler & Verhoogen（2012）等分别从产品的水平化差异、垂直化差异、产品价格、企业规模等视角研究影响企业产品质量的核心因素；Antoniades

（2015），王永进和施炳展（2014），张杰、翟福昕和周晓艳（2015）等则分别探究了市场竞争、关税、补贴、垄断等对企业产品质量的作用机理。然而，限于产品质量的度量需要产品数量、产品价格的数据，目前关于产品质量的研究由于依赖于"中国海关贸易数据库"而只能分析企业进口产品或出口产品的质量。

另有一些学者使用全要素生产率度量企业高质量发展水平，如陈昭和刘映曼（2019）选取 2012—2017 年制造业上市公司为样本，研究政府补贴、企业创新对制造业企业高质量发展的影响，发现提高政府补贴的强度不利于制造业企业发展质量的提升，但政府补贴通过激励企业创新能对企业发展质量产生正向的间接效应。施本植和汤海滨（2019）使用 2008—2017 年我国沪深 A 股上市公司为样本，实证检验了企业杠杆率与企业高质量发展的关系，以及产权异质性和区域异质性对二者关系的影响。石大千、胡可和陈佳（2019）基于 2006—2016 年中国地级市与上市公司匹配面板数据，研究了文明城市评选对企业高质量发展的影响及其机制，结果表明文明城市的创建通过提高城市内的环境规制水平、降低外部交易成本来推动企业高质量发展。张广胜和孟茂源（2020）利用 2009—2017 年 A 股制造业上市公司数据，检验内部控制与媒体关注对企业高质量发展的影响及交互项的作用效果。

第三节　偏向性政策、资源配置与企业发展

一、偏向性政策、资本资源配置与企业发展

新古典主义模型指出，如果市场是有效的，那么最优的资本配置是使资本的边际产出等于资本的市场利率，但 Banerjee，Duflo & Munshi（2003）

基于印度的数据研究表明重点行业监管政策实施后，受监管的重点行业能比未受监管的行业得到更多数额的银行贷款，但这部分贷款资本的边际产出大于资本的市场利率，重点行业监管政策没有带来最优的资本配置。Buera, Moll & Shin（2013）指出给生产率高的企业予以信贷补贴在短期内有利于缓解其信贷约束，促进社会总产出和生产率的提升，但长期来看，如果信贷补贴的对象和金额固定不变，受支持的企业生产率水平会恢复到平均水平，而新生的高生产率企业却未能得到补贴，这样社会总产出和生产率会得到抑制。因此，政府的产业政策需要随时间进行调整及优化。Jo & Senga（2019）通过构建存在抵押限制和内生进入退出的异质性企业模型分析了针对小企业和年轻企业的信贷补贴政策对企业生产及社会总生产率的影响，发现信贷补贴政策的直接效应是缓解企业间的资本错配，提升总体生产率，但该政策会同时带来要素价格的上升，减少生产的企业数量，反过来间接抑制总体生产率。信贷补贴政策对社会总体生产率的影响方向及大小最终取决于企业的分布及其融资状况。

就中国而言，在关于所有制偏向性政策对资本配置与企业发展的影响方面，Cubizol（2018）从偏向国有企业的信贷资金配置解释中国的消费份额下降，外国直接投资大量流入，外国资产大量积累的怪象。在中国过去的民营化转型进程中，银行将大量资金贷给低效率的国有企业，获得较低的资金回报率。与此同时，受到信贷限制的民营企业无法很好地支付给员工更高的工资，进而抑制人民的消费水平。此外，受到信贷限制的民营企业只能从事劳动密集型的出口活动，从而积累了巨大的外汇储备。Song, Storesletten & Zilibotti（2011）发现我国银行贷款严重偏向于国有企业，低生产率的国有企业因拥有良好的信贷市场而存活，而高生产率的民营企业必须通过内部储蓄进行融资。Dollar & Wei（2007）研究指出我国国有企业比外资企业和民营企业更容易获得银行贷款，但其投资效率却远低于外资企业和民营企业，如果能有效分配资本，提高国有企业的资本回报率，那么中国能在不牺牲经济增长的情况下减少相当于 GDP 的 8% 的投资额。左大培（2000）使用数理模型证明，对外资企业实行税收优惠政策是无效率的，原因在于税收优惠政策使外资企业不必采用先进技术就具有竞争优势，弱化了外资企业使用高技术的动力。降低外资企业税率最终通过扭曲资源配置恶化本国居民福利。

在关于区域偏向性政策对资本配置与企业发展的影响方面，季永宝、吴辉航、刘潇等（2018）采用边界匹配的双重差分法研究西部大开发政策对企业全要素生产率的影响，发现西部大开发政策明显提升了政策边界线西部地区市（县）企业的全要素生产率，背后的作用机制在于减税政策，而非直接性财政补贴。吴辉航、刘小兵和季永宝（2017）以西部大开发作为准自然实验，研究发现名义税率每下降1%，企业全要素生产率平均提高0.38%～0.75%，但减税对企业全要素生产率的影响随着时间推移先增加后减小，存在长期收敛效应。陆铭和向宽虎（2014）的研究指出，2003—2006年偏向中西部地区的开发区清理整顿工作使得沿海地区的开发区企业全要素生产率增速放缓。聂辉华、方明月和李涛（2009）考察了2004年开始在东北地区实行的增值税转型政策对企业生产率的影响，研究发现增值税转型能显著提高企业生产率，但生产率的提升主要源于资本替代劳动，而非自主技术创新。

在其他偏向性政策对资本配置与企业发展的影响方面，Wu（2018）比较分析了政策扭曲与金融摩擦对中国资本错配的影响，研究发现以偏向性的税收优惠待遇、出口导向战略等为代表的政策扭曲会比金融摩擦带来更大的资本错配。Zheng，Sun，Wu等（2017）考察中国政府的开发区建设是否带来资本的有效配置，研究发现并非所有的开发区建设都能带来资本的有效配置，提升企业全要素生产率。即使是对中国的北京、上海、深圳等8个一二线大城市而言，也有约25%的国家级及省级开发区对区内企业全要素生产率产生负面影响。钱雪松、康瑾、唐英伦等（2018）研究发现中国2009年十大产业振兴规划的出台降低振兴规划内企业的投资敏感程度，导致企业投资及资本配置缺乏效率，进而恶化企业全要素生产率。赵卿和曾海舰（2016）以我国上市公司 2001—2015 年数据为样本，研究发现，受到我国政府"五年规划"支持发展的企业比没有受到支持的企业获得更多信贷资金，且主要是国有企业获取了更多的信贷资源，但银行信贷增量对国有企业业绩无显著影响。江飞涛和李晓萍（2010）指出受到产业政策信贷、税收、土地等优惠政策扶持的产业往往更会出现投资过度、产能过剩等情况。与上述研究表明偏向性政策主要对资本配置带来负面影响不同，宋凌云和王贤彬（2013）研究发现政府通过更大程度地将补贴和税收优惠导向重点产业中生产率增长率更高的企业，能优化企业之间的资源配置，提高重点产业全要素生产率。

二、偏向性政策、劳动资源配置与企业发展

理论研究方面，Lagos（2006）研究了解雇征税、就业补贴、雇佣补贴、失业救济等劳动力市场政策对就业及全要素生产率的影响，发现解雇征税和就业补贴有利于失业率的下降，但不利于全要素生产率的提升，与之相反，雇佣补贴和失业救济会增加失业率，但有利于全要素生产率的提升。Veracierto（2001）同样研究解雇征税政策对劳动力配置的影响，发现解雇职工征税政策扭曲企业间劳动力的配置，显著减少稳定状态的就业人数，并带来巨大的福利损失，这背后的原因在于对解雇职工征税降低了企业解雇表现不佳职工的可能，造成企业平均劳动生产率下降。Marimon & Zilibotti（1999）针对失业救济政策的研究则表明，失业救济政策使得欧洲比美国有更低的失业率、更高的劳动生产率及更小的工资差距。

跨国经验方面，Vollrath（2014）利用微观数据评估了 14 个发展中国家部门间工资差距对总体生产率的影响，研究发现，对绝大多数国家而言，取消行业间工资差异带来的人力资本再配置对产出的增长作用小于5%。Poirson（2000）利用 1965—1980 年间 30 个发展中国家的跨国数据研究发现，劳动再配置对人均 GDP 增长的贡献约为 0.75%，在投资率及现代

传统二元经济程度越高的国家，劳动再配置对人均 GDP 增长的拉动效应越大。Dowrick & Gemmell（1991）基于 1960—1985 年发达国家和中等收入国家的研究表明，工业赶超战略下的跨部门劳动力资源配置显著促进 GDP 增长。

中国经验方面，Bai & Cheng（2014）考察了 1980—2010 年间中国省级层面的劳动力错配程度，发现城镇化建设、第三产业及非国有部门的发展有利于劳动力资源错配的改善。袁志刚和解栋栋（2011）讨论了中国城乡间人口流动限制导致的劳动力错配对全要素生产率的影响，结果发现，中国以农业部门就业比例过高为特征的劳动力错配，对中国的全要素生产率有着显著的负效应。蔡晳和王德文（1999）研究表明，劳动力从农业向非农产业转移带来的全要素生产率提高对经济增长的贡献率高达 21%，这意味着中国有可能通过改革劳动就业制度并促进城乡劳动力市场发育享受劳动力资源重新配置带来的经济增长。

三、偏向性政策、土地资源配置与企业发展

Duranton, Ghani, Goswami 等（2015）研究了印度《城市用地上限监管条例》及土地销售税政策的变动对土地资源配置的影响，发现针对 64 个最大城市的用地上限监管条例的取消带来土地资源错配下降 5.7%，人均产出增加约 3.7%，而土地销售税增加加剧了土地资源错配。Ihlanfeldt（2007）则研究了美国佛罗里达州 100 多个城市的土地使用监管限制对住房和土地价格的影响，发现土地使用监管限制提升了住房价格，降低了空置土地的价格。此外，土地使用监管限制降低了独户住房的供给量，使得新建房屋的建筑面积和地块面积增大。Restuccia & Santaeulalia–Llopis（2017）使用农户调查数据发现受限于非市场化的土地制度，马拉维的农业部门土地资源错配非常严重，数值模拟表明土地市场化带来的土地最优配置将使农业部门生产率提高 2.6 倍。Adamopoulos & Restuccia（2020）研

究了 1988 年菲律宾限制农户土地面积及禁止农地交易的土地改革政策对农业部门生产率的影响，发现该土地改革使得农户获得的平均土地面积减少 34%，农业部门生产率下降 17%。

在国内，Huang & Du（2017）利用 2003—2012 年地级市数据研究发现，地方政府低价出让工业用地，高价出让商业和住宅用地，这种扭曲的土地出让价格政策导致工业和服务业部门土地资源错误配置，地方政府对土地价格干预越多，越依赖投资，政府官员越追求经济绩效，更多的土地就会被分配到工业部门。张莉、朱光顺、李夏洋等（2017）评估了重点产业政策对工业用地配置的影响，研究发现，地方政府会借助信息优势，对地方提及但中央未提及的重点产业给予更多的工业用地；此外，重点产业政策对产业发展水平更高的东部地区和高级别城市的土地资源配置产生更大的影响。李力行、黄佩媛、马光荣等（2016）利用城市、行业层面数据，评估了土地资源错配对工业企业生产率差异的影响，研究表明工业企业间的资源配置效率与企业所在城市协议出让建设用地比例成反比。杨其静和吴海军（2016）关于产能管制政策对地级市工业用地出让的影响研究发现，产能管制措施显著抑制"产能过剩——受管制"行业的城市工业用地出让，但这种抑制作用对于那些地方官员具有较大晋升潜力的地级市来说较弱。陆铭和向宽虎（2014）指出当中央政府将更多建设用地指标分配给中西部地区时，由于中西部地区建设用地供给增长太快，导致其用地效率低下。陆铭、张航和梁文泉（2015）使用地级市数据的实证研究进一步表明，2003 年以后中央政府实施偏向中西部的土地供给政策，导致东部地区的土地供给收紧，东部城市房价上升，并推动当地工资上涨。研究旨在说明促进西部欠发达地区发展的偏向性供地政策在带来东部地区竞争力下降的同时也明显恶化中西部地区的土地利用效率。蒋省三、刘守英和李青（2007）认为低价协议出让土地导致企业圈占土地现象频繁，并带来地区间产业用地的配置扭曲。珠三角和长三角地区工业用地比重过高、城市产业用地紧缺，而中西部地区主要将土地用于城市基础设施建设。

四、偏向性政策、创新要素配置与企业发展

作为引领经济发展的第一动力，创新历来受到政府部门的高度重视，并被学者们广泛研究。Schumpeter（1912）提出的创新理论开启了创新研究的理论先河，熊彼特创新理论认为创新是内生决定的，可分为水平创新和垂直创新两种表现形式。水平创新模型，即种类扩张模型（variety expansion model），指通过研发增加生产投入品的种类并促进专业化发展，带动技术进步和经济增长。垂直创新模型，即质量阶梯模型（quality ladder model），指通过研发提升产品质量，促使市场上低质量产品不断被高质量产品排挤出去，从而促进技术进步。Schumpeter（1934）还指出在技术进步和经济增长的过程中，创新、知识生产和研发起到关键性作用。经济发展是一种"创造性的毁灭"过程，技术创新使得原有技术变得陈旧过时，并替代原有技术，缩短原有技术的生命周期。不断加快的技术进步周期加速对原有设备和技术的"毁灭"，资本主义经济发展正是在创新中毁灭一个旧世界，创造一个更发达的新世界。Malerba & Brusoni（2010）等则进一步将资本主义经济增长的源泉归于创新。

创新作为一种公共物品，存在明显的正外部性。为避免创新投资不足及创新匮乏对经济增长的不利影响，世界各国纷纷对创新实施补贴政策以促进企业加大创新研发投入（Özçelik & Taymaz，2008）。Romano（1989）指出，在有专利保护的市场，政府研发补贴的有效性取决于专利期限、专利的竞争性质及研发补贴带来额外的财政负担等因素，如果研发市场是垄断的，那么不论专利期限多长，研发补贴带来的额外负担多高，政府都应该对企业进行研发补贴。Tassey（2004）同样指出，研发投资由于具有公共产品的溢出效应，其不可避免地会遇到市场失灵的问题，因此政府有必要对研发进行补贴。但 Neary（1998）针对国际贸易政策的分析则认为，没有充分的理由表明应该对高技术企业进行补贴，除非本国与外国企业在贸易中采取单期数量竞争策略，这时对高进入壁垒的高技术企业进行补贴

才是合理的。此外，如果考虑到研发有溢出效应，那么应该对研发进行补贴，但最终的补贴效果还是取决于企业的策略性行为。

经验研究方面，现有文献关于政府创新补贴政策对资源配置及企业生产率影响的结论存在争议。Buson & Vélez-Ospina（2017）使用哥伦比亚的数据研究发现，制造业和传统服务业中面临金融约束的企业，以及知识密集型服务业中受到监管束缚越强的企业更有可能受到政府支持进行创新，此外，生产率水平在中位数以下的企业更容易通过创新获得生产率的提升。Greenstone, Hornbeck & Moretti（2010）基于美国的数据估计了地方政府通过招商引资吸引生产率高的大型企业对在位企业全要素生产率的影响，他们发现，大型企业对当地在位企业全要素生产率有显著正向溢出效应，并且这种溢出效应对那些享受相同劳动力和技术池的企业更为明显。陆国庆、王舟和张春宇（2014）研究表明，战略性新兴产业享受政府创新补贴有利于企业绩效提升，创新外溢效应的产出弹性系数大于政府补贴的产出弹性系数。

另有一些学者发现，创新补贴对资源配置及企业生产率的提升作用不明显或产生负向作用。Howell（2017）使用中国的数据研究表明，偏向于高技术行业的补贴政策仅仅促使高技术企业有更多的创新投入，但对这部分企业全要素生产率的增长依然带来负面影响。Ranasinghe（2014）研究了与生产率有关的创新补贴政策对企业创新、产出及全要素生产率的影响，发现对生产率高的企业给予较少的创新补贴，而对生产率低的企业给予较高的创新补贴政策，会减少高生产率企业的创新，并使得低效率企业更不容易退出，从而降低整个社会的全要素生产率水平。Hu（2001）研究发现，政府研发对私人研发支出产生间接促进作用，但政府研发对提升企业生产率无直接影响，只有私人研发会促进企业生产率的提升，故相比于直接提供政府补贴，给私人研发支出激励更有助于提升企业生产率。杨洋、魏江和罗来军（2015）从所有制和要素市场扭曲两个方面研究政府补贴对企业创新绩效的影响，结果发现，政府补贴对民营企业及要素市场扭曲低的城市具有更高的创新绩效。毛其淋和许家云（2015）指出，高额补贴会诱使企业产生"寻补贴"投资行为而抑制产品创新，且不利于企业创新的持续。黄阳华和夏良科（2013）将研发投资和溢出、人力资本纳入统一的框架之内，基于2000—2010年中国大中型工业企业数据的研究发现，研发资源错置、人力资本效率不高及过分依赖于外向型经济发展模式是导致"研发成倍增加，全要素生产率增速下降"悖论的主要原因。戴晨和刘怡（2008）比较了税收优惠与财政补贴对企业研发活动的激励作用，发现税收优惠更能促进企业研发活动，但政府创新财政补贴更具有针对性。

第四节　文献简评

纵观现有文献，已有不少研究探讨了偏向性政策对资源配置及企业发展的影响，但现有文献依然存在一些不足及有待进一步深入研究之处。具体而言，主要有以下三个方面。

首先，由于研究方法、研究对象与研究样本期等的不同，现有文献关于偏向性政策对资源配置及企业发展影响的研究存在分歧，这促使本书重新对该问题进行理论和实证分析。此外，已有文献关于2008年之后偏向性政策的影响评估较少。事实上，2008年国际金融危机之后，世界经济形势发生了较大变化，出现了新的情况。出于对金融危机冲击的担心及对经济下滑的担忧，国家出台了许多政策对市场及微观个体进行行政干预，因此，非常有必要结合新情况对政府实施的政策效果进行深入研究分析，为政府部门更好地实施经济政策，促进企业提高生产率，实现高质量发展提供相关政策启示。

其次，现有文献关于偏向性政策对资源配置与企业发展的影响研究多为片段式，多集中分析一种偏向性政策对资源配置与企业发展产生的影响，缺乏系统性的考察。另外，既有文献多用补贴数量、法规数量等指标度量偏向性政策，在此基础上检验偏向性政策的实施效果，但该方法不能完全厘清偏向性政策影响的因果效应与作用机制，而利用准自然实验方法进行评估则可以更好地考察偏向性政策带来的因果效应（钱雪松、康瑾、唐英伦等，2018）。

最后，在一些偏向性政策的实施效果评估方面，比如土地偏向性政策，现有文献较多从宏观层面进行探讨，缺乏微观效应的考察。进一步梳理偏向性政策，特别是土地偏向性政策对企业发展的影响有利于弥补这方面的研究空白。与此同时，现有文献缺乏针对不同类型偏向性政策影响资源配置及企业发展的比较，因而无法对不同偏向性政策的优劣做出评价。

本书力图对现有研究的上述不足有所突破。具体而言，本书结合 2008 年后出现的新情况、新问题，用企业全要素生产率度量企业高质量发展水平，分别选取资本偏向、土地偏向及创新要素偏向三个典型的视角，主要运用自然实验的研究方法系统分析偏向性政策对资源配置与企业高质量发展的因果关系及作用渠道，并通过比较不同类型偏向性政策对资源配置及企业高质量发展产生的影响，为不同偏向性政策的优劣做出较为恰当的评估。

第三章

偏向性政策、资源配置与企业高质
量发展的分析框架

本书主要以企业全要素生产率度量企业高质量发展水平。鉴于偏向性政策表现形式众多，有基于企业类型、企业规模、行业分类、区域类型等实施的各种偏向性政策，不能一一枚举。后文将各种偏向性政策归纳至生产要素的优惠，聚焦于生产要素偏向性政策对资源配置与企业高质量发展的影响展开较为全面的分析。本章首先从企业的生产函数出发，分别基于资本、劳动、土地、创新要素四个方面探讨要素偏向性政策对资源配置与企业生产率的影响，为后文详细研究不同要素偏向性政策的作用机制构建分析框架。

在经济学中，生产要素一般被划分为资本、劳动、土地和创新要素这四种类型，企业生产函数可表示为：

$$Y=AF（K，L，T，E）$$

式中，Y 表示产出，A，K，L，T，E 分别代表全要素生产率、资本、劳动、土地（或自然资源）及创新要素。其中全要素生产率指总产出中不能被要素投入所解释的"剩余"，或是由于技术进步、制度改良等非生产性投入对产出增长的贡献。创新要素包括研发人员、研发机构和研发投入等。

许多学者认为中国经济增长主要来源于要素贡献，特别是来自资本的贡献。郑东雅和皮建才（2017）认为资本从轻工业转移到重工业是 1998—2007 年间中国经济快速增长的主要原因。20 世纪 50 年代初期，中国面临薄弱的工业基础和帝国主义的封锁，在受到苏联工业化道路取得巨大成功的鼓舞后选择了重工业优先发展战略，并建立起国有企业以更好地支持重工业优先发展的赶超战略。众多文献研究表明，由于承担了发展重工业的"战略性负担"及保障就业的"社会性政策负担"，国有企业虽然获得绝大部分政府补贴，但其生产率却远不及民营企业和外资企业（陈斌开和伏霖，2018）。虽然国有企业自身效率低下，但从宏观层面来看，中国的国有企业实际上是克服"政府失灵"和"市场失灵"的合理安排,是"社会福利和公共产品的提供者",具备宏观效率。国有企业是政府进行宏观调控和微观干预的主要抓手,有助于解决外部性、公共物品和信息不对称等市场失灵。

改革开放之后,随着"放权让利""抓大放小"等国有企业改革的推进,国有企业的比重逐步下降而非国有企业的比重上升(刘伟和李绍荣,2001),但在国防安全及国家发展命脉相关的战略型产业、关系国计民生的自然垄断行业,国有企业依然占据主导地位(林毅夫,2019)。2008 年国际金融危机以来,全球经济下滑使得我国出现严重的产能过剩,其中国有企业因受到政府倾向性政策扶持过度生产而成为产能过剩的一大主体,国有"僵尸企业"更是成为去产能的牛鼻子。王万珺和刘小玄(2018)等研究认为,地方政府对国有企业过多的资金补贴、信贷优惠等是造成国有企业生产率低下,出现国有"僵尸企业"的最直接原因。但这些文献在分析政府补贴造成国有企业低效率的同时忽略了国有企业可能带来的正外部性,以及民营企业在获得较少政府补贴下的行为反应。本书第四章结合当前产能过剩的热点问题,以具有典型国有、民营二元经济结构的煤炭行业为例,在考虑国有企业具有缓解污染等负外部性的基础上,研究偏向国有企业的资本补贴政策对国有、民营企业行为及其全要素生产率的影响。

从土地要素来看,财政分权和官员晋升机制促使中国地方政府为辖区经济增长而竞争。土地,尤其是工业用地,成为地方政府官员招商引资的主要手段。Huang & Du(2017),李力行、黄佩媛和马光荣等(2016),蒋省三、刘守英和李青(2007)等研究了地方政府低价出让工业用地,高价出让商业和住宅用地这种扭曲的土地出让价格政策带来土地资源错误配置及企业生产率的恶化。张莉、朱光顺和李夏洋等(2017),杨其静和吴海军(2016)则分别评估了重点产业政策及中央的产能管制政策对工业用地配置的影响。陆铭和向宽虎(2014)等指出自 2000 年以来,中国政府为了追求区域间平衡发展目标,采取了开发区政策、财政转移支付和建设用地指标分配等手段扶持中西部发展，并收紧东部地区的土地供应，这些政策促进了欠发达地区的发展，却带来东部地区总体效率的损失。陆铭、张航和梁文泉（2015）, Liang, Lu & Zhang（2016）等利用地级市数据进一步研究发现，2003 年之后倾向中西部的土地供给政策造成东部地区房价快速上升，并推高东部地区的工资，损害东部地区的竞争力和整体资源配置效率。

陆铭和向宽虎（2014）等关于偏向中西部地区的土地供应政策研究引出了偏向性政策带来公平与效率的权衡问题，但其仅停留于宏观层面的分析，没有给出微观层面的证据。笔者观察到，2003 年之后，偏向中西部地区的土地供给政策带来东部沿海县围填海造地的大幅增加。对东部沿海县及其邻县而言，两者在经济发展、地理位置等方面均较为相似，且面对相同的土地供应收紧政策，但由于沿海县及其邻县在自然资源禀赋上存在潜在差异，沿海县拥有丰富的海涂资源，可以通过围填海造地维持耕地占补平衡，以及缓解建设用地指标收紧带来的土地压力，而其邻县则不能通过围填海造地增加土地供应，这使得土地政策在一定程度上偏向沿海县。此外，相对于邻县，沿海县远离内地市场，产业结构以临港重化工业为主，经济发达水平相对较差，这使得偏向沿海县的土地政策也是扶持欠发达地区的政策。本书第五章以独特的视角考察偏向欠发达地区沿海县的土地政策对沿海县及其邻县土地配置、企业全要素生产率的影响及作用渠道，为土地偏向性政策带来公平与效率的权衡问题提供微观证据。

Krugman（1994）指出鉴于资本边际报酬递减，如果经济效率没有较大提高，那么资本投入将难以持续增加。当前，中国人口、土地红利等传统经济增长动力都在消减。尤其是 2008 年国际金融危机以来，面对不断增加的外部风险与挑战，中国经济增速放缓，进入经济"新常态"，创新驱动发展战略被摆到前所未有的重要位置（苏治和徐淑丹，2015），党中央和国务院颁布了一系列政策文件支持科技创新（黄志雄，2018）。在创新要素偏向性政策的研究方面，现有文献多用创新补贴等指标度量创新驱动政策的影响效果，如黄志雄（2018）使用 2010—2015 年上市公司的科技创新补助与研发数据研究发现，创新驱动供给侧改革的实施使得企业进行研发投入的意愿得到加强，开始偏好长期研发投入。张杰、陈志远和杨连星等（2015）研究发现，政府创新补贴总体上没有对中小企业私人研发产生显著的影响，但这种影响会随着地区知识产权保护制度的减弱而增强。此外，创新补贴政策的绩效因补贴类型而异，贷款贴息类的补贴比无偿资助类的补贴更易产生显著的研发效应。解维敏、唐清泉和陆姗姗（2009）利用 2003—2005 年间上市公司的数据研究发现，政府研发资助显著刺激了企业研发支出。

正如钱雪松、康瑾、唐英伦等（2018）指出的，既有文献使用财税补贴等变量度量政策实施，无法清晰揭示出政策影响的因果效应及作用机理，而利用自然实验方法进行评估可以更好地考察政策实施带来的因果效应。改革开放以来，作为发展高新技术产业、积极利用外资、扩大进出口贸易的特殊类型区域，高新技术开发区和经济技术开发区在促进我国产业集聚、对外开放和体制创新等方面发挥了重要的作用，已经成为辐射和带动区域经济发展的重要增长极。2008 年国际金融危机以来，中国经济增长效率下降，出于保增长或者稳增长的考虑，国务院从 2009 年开始先后启动省级开发区的升级工作，旨在发挥国家级开发区作为改革试验田和开放排头兵的作用，推动中国区域经济实现增长方式由要素驱动向创新驱动方式的转型（杨敏，2010）。开发区升级政策为评估创新要素驱动发展提供了很好的准自然实验。此外，现有关于创新补贴政策的文献基本上仅研究创新补贴对企业自身研发的影响，没有考虑到企业研发具有很强的溢出效应。开发区作为创新集聚的载体，更能捕捉创新驱动政策带来的相互溢出效应。因此，利用开发区升级这一准自然实验，研究创新要素偏向性政策对资源配置与企业生产率的影响，更有利于客观评估开发区升级的政策效果，为更好地发挥创新驱动发展战略引领我国企业生产率提升，实现高质量发展提供经验依据。

改革开放 40 多年来，传统的劳动力要素也曾是中国经济增长的主要贡献因素（蔡昉、林毅夫和张晓山等，2018）。Young（2003）指出，劳动力从隐性失业到就业及劳动力从农业转移到工业是 1978—1998 年间中国经济快速增长的主要原因。蔡昉、林毅夫和张晓山等（2018）指出，以劳动年龄人口的持续增加和人口抚养比的持续下降为特征的人口红利是中国经济增长的重要因素。但长期以来，户籍制度依然阻碍着人们在地域间自由流动。虽然中央政府在 2001 年和 2014 年分别进行了两次较大的户籍制度改革，全面放开县级以下小城市的落户限制，有序放开中等城市落户限制。但目前大城市的落户条件依然较高，部分大城市实施的积分落户制度偏向高学历、高职称、高技能的人才或纳税大户，普通的农民工基本上都达不到落户标准（邹一南，2018）。户籍制度成为一种偏向拥有资金、专业技术或高学历人群的政策。

现有文献较多从宏观层面研究户籍制度带来的影响，如 Sicular, Ximing & Gustafsson 等（2007）研究了户籍制度对城乡收入差距的影响；蔡宏波和李昕宇（2019）等研究户籍制度对家庭教育支出的影响；刘军辉和张古（2016）等研究户籍制度对农村劳动力流动的影响。限于企业层面细分劳动力技能数据只有 2004 年和 2008 年的经济普查数据，而两次较大的户籍制度改革分别发生在 2001 年和 2014 年，对上述任意一次户籍制度改革而言，都没有政策前后的企业层面劳动力数据可以用于观察。企业层面有限的两年劳动力数据难以满足精确识别劳动力偏向性政策对企业生产率影响的研究。

综上所述，本书从生产函数出发，构建了不同要素偏向性政策的分析框架，如图 3-1 所示。

$$Y=AF（K，L，T，E）$$

资本(K)偏向

国有、民营
企业资本配置

国有企业补贴效应、
民营企业合谋效应

存活生产率及产能
过剩企业估计

社会福利

土地(T)偏向

沿海县、邻
县土地配置

土地密集型行业、国家重点
发展行业、比较优势行业

短期效应、
长期效应

企业生产率

创新要素(E)
偏向

开发区升级、
创新要素集聚

升级类型异质性

"成本推动"效应、
"产业集聚"效应

企业生产率

比较分析不同要素偏向性政策影响的差异

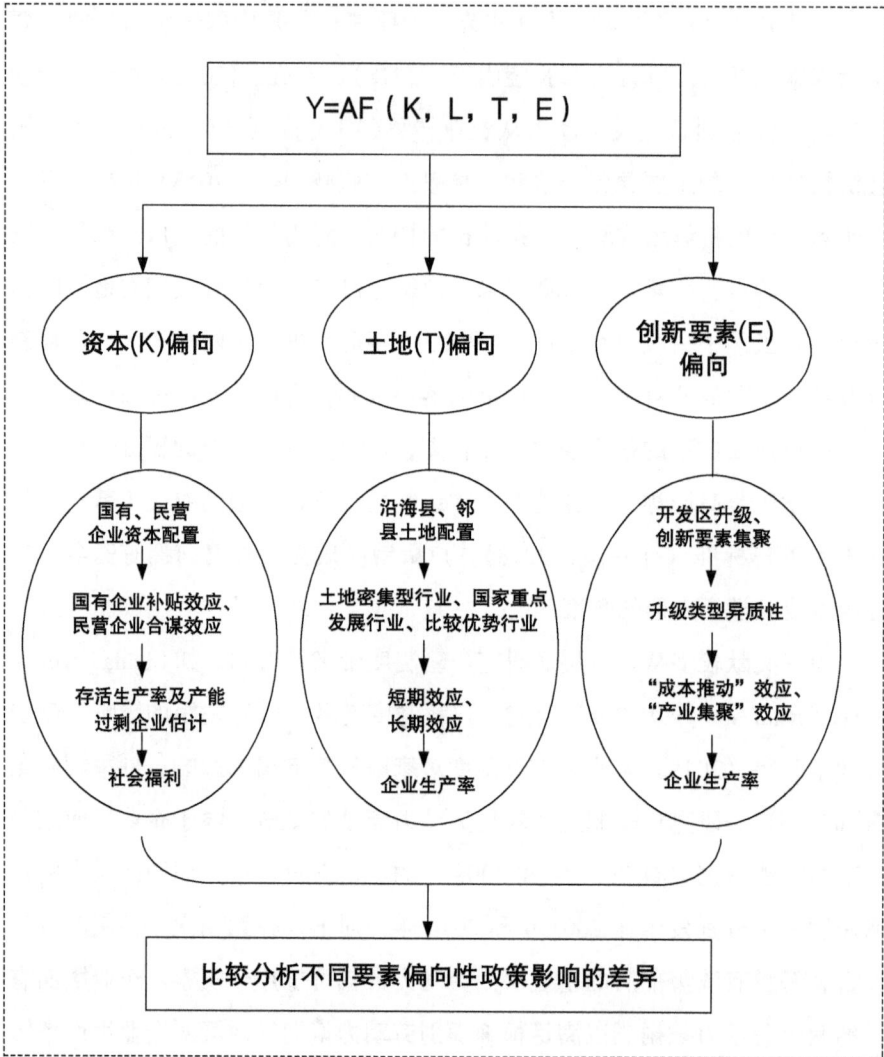

图 3-1　理论框架图

　　具体而言，在资本偏向性政策上，本书第四章选取国有企业中享受明显资本补贴的煤炭行业企业作为研究对象，考察偏向国有企业的资本补贴对国有、民营企业行为反应及企业全要素生产率的影响，并在模型校准与数值模拟的基础上进一步分析社会福利效应。煤炭行业是关系国计民生的基础性行业，国家希望在其中保持较强的影响力而倾向于向国有煤炭企业提供巨额的资金补贴以支持其发展，中小煤矿则获得较少补贴。考虑到安全生产是煤炭企业发展的生命线，国家将首先对国有煤炭企业的安全清洁生产给予资助，故本书在模型中假定国家对国有煤炭企业的偏向性资本补贴表现为安全清洁生产设备上的补贴，而民营煤炭企业则不享受这种补贴。在没有获得补贴的情况下，低生产率的小型民营煤炭企业因资金实力薄弱而不愿购买安全清洁生产设备，他们选择向当地政府官员交"保护费"（即"政企合谋"）来避免关门歇业之灾，只有资金实力雄厚的高生产率大型民营煤炭企业才愿意投资安全清洁设备。通过分解补贴效应与合谋效应，可以得到偏向国有煤炭企业的资本补贴政策对企业生产率及产能过剩的影响，并进行社会福利的分析。

在土地偏向性政策上，本书第五章以 2003 年之后东部地区土地供应收紧下沿海县向海要地为例，考察偏向沿海县的土地政策对土地资源配置及企业全要素生产率的影响。用地指标是地方政府招商引资的基础，围填海造地新增建设用地后，地方政府可能将土地更多地用于吸引高效率企业，也可能用于吸引高产值的企业。此外，充裕的用地指标将有助于地方政府吸引土地需求较大的企业（郑新业等，2011）。因此，后文重点考察沿海县通过围填海获得新增用地指标对进入、退出企业及土地密集型企业产生的影响。鉴于沿海县围填海造地后如何分配土地将直接影响到当地的产业结构及企业生产率，笔者选取土地密集型行业、国家"十一五"和"十二五"规划重点发展的行业及具有比较优势的行业，进一步分析沿海县在这些行业的土地资源配置情况。考虑到围填海造地后土地置换或直接将围填海土地用于工业用地需要有一定的时间，可能存在滞后效应，笔者还探讨了围填海造地的长期效应。

在创新要素偏向性政策上，本书第六章以省级开发区升级为例考察偏向国家级开发区的创新政策对资源配置及企业生产率的影响。作为创新要素集聚的主要载体，国家级开发区相比于省级开发区在行政审批、土地使用、银行信贷、上市融资等方面具有更多的优惠政策，更有利于吸引高技术、高效率的企业，引领创新驱动发展。考虑到开发区升级对企业生产率的影响会受到开发区类型差异性的影响，笔者从开发区升级类型考察省级开发区升级对企业生产率的异质性影响，进一步地，笔者从"成本推动"效应、"产业集聚"效应两个方面详尽考察开发区升级对提升企业生产率，助推企业高质量发展的作用渠道。

最后，通过比较不同要素偏向性政策对资源配置及企业发展影响的差异，对偏向性政策的实施效果进行总体评价。

第四章

资本偏向性政策、资源配置与企业
高质量发展

第一节 引 言①

大量研究证实，国家对国有企业、民营企业实施差别性政策待遇（孙晓华和李明珊，2016）。范林凯、李晓萍和应珊珊（2015）指出，作为国家意志和利益的重要载体，国有企业具有产值大、纳税多的特点，备受政府青睐。政府部门常常为国有企业提供信贷、税收、财政补贴等优惠政策以大力支持其发展（申广军，2016）。相比国有企业，民营企业则处于较低的社会地位，遭遇种种歧视及不公平待遇（孙晓华和李明珊，2016），基本不享受政府补贴。国有企业虽然获得较多补贴，但生产率远低于民营企业（Song, Storesletten & Zilibotti, 2011; Brandt, Van Biesebroeck & Zhang, 2012; Dollar & Wei, 2007）。2008年金融危机爆发以来，世界经济增长疲软使得中国陷入严重的产能过剩困境，国有"僵尸企业"更是亏损严重，引起全社会的广泛关注，成为处置产能过剩工作的重点之一。

针对中国产能过剩的长期性抑或周期性问题，国内学者主要从政府补贴的角度进行解释。耿强、江飞涛和傅坦（2011）指出，中国产能过剩这一"顽疾"主要源于政策性补贴，政策性补贴冲击带来产能利用率波动的42.89%。江飞涛、耿强和吕大国等（2012）研究表明，土地、环境等的产权模糊及银行预算软约束的存在，使得地区补贴性竞争成为行业产能过剩最主要的诱因。皮建才、黎静和管艺文（2015）认为我国体制性产能过剩是由 GDP 导向下地方政府的政策性补贴竞争带来的，过度的政策性补贴会加重产能过剩，并恶化社会福利。但上述研究文献均未考虑企业所有制对

---

① 本章的主要内容发表于《中国工业经济》2017年第8期，作者朱希伟、沈璐敏、吴意云和罗德明，文章题目为《产能过剩异质性的形成机理》，该论文被中国人民大学报刊复印资料《国民经济管理》2017年第12期全文转载。

产能过剩形成及治理产生的异质性影响（范林凯、李晓萍和应珊珊，2015）。事实上，中国的产能过剩呈现明显的所有制差异。国有产能过剩的企业主要表现为缺乏竞争力、依靠补贴而存活，被称为"僵尸企业"；民营产能过剩的企业突出特点是生产技术落后、污染严重，被称为"落后产能企业"。

笔者认为，偏向国有企业的资本补贴是产生国有"僵尸企业"过剩产能的重要因素，但并非造成民营企业落后产能过剩的主要诱因。民营企业中的落后产能企业之所以会久淘不汰，其背后的主要原因在于落后产能企业能够带来就业、GDP 和税收，地方政府出于经济增长等考虑会容忍这些落后产能企业的存在。地方政府和落后产能企业之间的互利互惠行为与聂辉华等学者提出的"政企合谋"观点相符合。在偏向国有企业的补贴政策下，获得较少补贴而自身实力又较薄弱的低生产率民营煤炭企业选择通过"政企合谋"的方式存活在市场上。

本章以煤炭行业为例，基于国有、民营二元所有制结构深入探讨偏向国有企业的资本补贴政策和政企合谋对企业全要素生产率及产能过剩的形成机理，为淘汰过剩产能，实现高质量发展提供政策建议。本章以煤炭行业为例展开研究，主要出于以下几点考虑。

（1）煤炭行业存在明显的偏向国有煤炭企业补贴政策及突出的政企合谋现象。煤炭行业的补贴政策主要倾向于国有煤炭企业，这在国家颁布的煤炭行业政策文件中可见一斑。例如，2005 年国务院发布的《关于促进煤炭工业健康发展的若干意见》（国发〔2005〕18 号）明确指出，中央政府对原中央国有重点煤矿历史形成的环境治理欠账给予必要的资金和政策支持。再如，2006 年的《关于深化煤炭资源有偿使用制度改革试点的实施方案》指出，地方分成的矿业权价款收入可用于国有企业和国有地勘单位矿产资源勘查，以及用于解决国有老矿山企业的各种历史包袱问题。毋庸置疑，政府部门给予国有企业的补贴种类众多，形式多样。本章重点考察偏向国有煤炭企业资本补贴政策的影响，这是因为安全生产工作是煤炭企业的生命线，国家会优先在安全生产设备投资上给予国有煤炭企业资金支持。比如，2004—2007 年间国家累计投入 90 亿元国债资金扶持国有重点煤矿安全技改。与此同时，煤炭行业具有突出的政企合谋现象。中国是世界上煤矿事故死亡率最高的国家，煤炭行业矿难频发但不具备安全生产的小煤矿数量不减，问题的关键是存在"政企合谋"（聂辉华和蒋敏杰，2011；Jia & Nie，2017）。

（2）煤炭行业存在严重的国有"僵尸企业"过剩产能和民营企业落后过剩产能，具有典型的国有、民营二元结构。2016 年，国务院发布的《关于煤炭行业化解过剩产能实现脱困发展的意见》（国发〔2016〕7 号）明确提出，加快处置"僵尸企业"和加快淘汰落后产能。

（3）政企合谋具有隐蔽性，存在数据获取、度量上的困难（聂辉华和蒋敏杰，2011）。对此，利用代表性煤炭行业进行分析能相对容易地识别出政企合谋，并厘清政企合谋对企业行为的影响机理。同时，基于煤炭行业的分析结论同样适用于具有二元所有制结构，且存在补贴政策与政企合谋现象的其他行业。

第二节　资本补贴、政企合谋与企业高质量发展：理论模型

本节将 Melitz（2003）异质性企业模型拓展到国有、民营二元经济结构，深入分析补贴政策与政企合谋对不同所有制企业全要素生产率与产能过剩的影响机理，从而为化解产能过剩、提高企业全要素生产率、实现高质量发展奠定理论基础。

一、基准模型

1. 消费者

假设消费者有 L 个，每个消费者无弹性地供给一单位劳动力。煤炭企业处于垄断竞争市场并生产水平差异化的煤炭产品[①]。代表性消费者的效用函数为：

$$U = \left(Q_p^e\right)^{-\alpha}\left[\int_{\omega\in\Omega} q(\omega)^{\rho} d\omega\right]^{1/\rho} \tag{4-1}$$

其中 Q_p^e 代表煤炭行业"不清洁"的生产总量，即落后小煤矿的产量；假定落后小煤矿的生产活动会产生严重的环境污染，降低消费者的效用水平；α 度量人们对不清洁生产的厌恶程度，$\alpha > 0$；Ω 为煤炭产品的种类数集合；$\rho \in (0, 1)$ 意味着任意两种煤炭产品之间的替代弹性 $\sigma = 1/(1-\rho) > 1$。代表性消费者的预算约束为：$\int_{\omega\in\Omega} p(\omega)q(\omega)d\omega = I$，其中 I 是代表性消费者的可支配收入。最大化消费者效用函数，可得代表性消费者对煤炭产品 ω 的需求为：

$$q(\omega) = \frac{I}{P}\left[\frac{p(\omega)}{P}\right]^{-\sigma} \tag{4-2}$$

其中，物价水平 P 为：

$$P = \left[\int_{\omega\in\Omega} p(\omega)^{1-\sigma} d\omega\right]^{1/(1-\sigma)} \tag{4-3}$$

2. 生产者

假定市场上存在两类煤炭生产企业，分别为国有煤炭企业和民营煤炭企业。每家煤炭企业生产一种煤炭产品且每种煤炭产品只由一家煤炭企业

[①] 受地质条件等影响，煤炭产品存在较大的差异性，如按灰分、硫分、粒度、发热量等指标，煤炭产品可以细分成许多品种和等级，标准的划分可详见《煤炭产品品种和等级划分》(GB/T17608—2006)。神华集团将自己的煤炭产品划分成60种，可详见该企业网站http://www.shenhuagroup.com.cn/shjtww/1382682123587/mt.shtml。此外，近几年来，随着煤炭企业逐渐进行煤产品的深加工及产业链的拓展，又衍生出一系列煤化工、建材等产品。

生产，因此煤炭产品种类与煤炭企业之间是一对一的关系。大量潜在企业想进入煤炭生产市场，在进入之前他们的生产率 φ 是一个随机变量，服从独立同分布，概率密度为 $g(\varphi) > 0$，$\varphi \in (0, +\infty)$。假定煤炭生产只需要劳动力一种投入要素，为了进入煤炭市场，任何一家企业都必须先投入 $f_e > 0$（用劳动力单位度量）的进入成本。进入市场后，企业会从共同的生产率分布 $g(\varphi)$ 中抽取自己的生产率水平 φ，若发现自己的生产率水平较低，则立刻退出市场；若生产率水平较高，则会留在市场上，但每期都会面临一个概率为 $\delta \in (0, 1)$ 且与企业生产率无关的外生冲击，逼迫其退出市场。所有企业在每期的生产过程中都需要投入 $f > 0$ 的单位劳动力作为固定成本。此外，考虑到煤炭生产具有一定的危险性与污染性，假定企业每期需要投入 F 单位劳动力购买或维护安全清洁生产设备（以下简称先进设备）以避免安全污染事故发生。鉴于国有企业的员工雇佣相对稳定，不随意裁员，故设定稳态时国有煤炭企业的劳动力供给数量 L_s 外生给定且固定不变，而民营煤炭企业的劳动力供给数量由劳动力市场出清条件内生决定。最后，需要指出的是，由于国有煤炭企业与民营煤炭企业享受的政策待遇相差甚远，且两类企业的所有制属性很难转换，因此假定国有、民营两类煤炭企业在要素市场上相互独立，但在产品市场上相互竞争。

（1）国有煤炭企业

鉴于国有企业的特殊地位，政府部门倾向于为其提供各类优惠政策以支持其发展（范林凯、李晓萍和应珊珊，2015）。对煤炭行业而言，考虑到安全在煤炭生产中的重要地位，假定政府对国有煤炭企业的偏向性补贴体现为安全清洁生产设备投资补贴[①]，即政府要求所有在市场上存活的国有煤炭企业都必须购买安全清洁设备用于生产，与此同时，政府为国有煤炭企业的设备购买提供 s 比例的资本补贴，则国有煤炭企业最后在先进设备投资上只需花费 $(1 - s)F$ 的支出。此时，生产率为 φ 的国有煤炭企业成

---

① 改变补贴政策的形式，如对固定成本补贴、产量补贴或价格补贴不改变本章的主要结论。

本函数为：

$$TC_{s0}(\varphi) = w\left[f + \frac{q_{s0}(\varphi)}{\varphi} + (1-s)F\right] \qquad (4\text{-}4)$$

其中，w 为工资率，不失一般性，将劳动作为计价物（numeraire），即 $w = 1$。下标 $s0$ 指国有煤炭企业获得资本补贴下的行为。国有煤炭企业利润最大化的定价为：

$$p_{s0}(\varphi) = \frac{1}{\rho\varphi} \qquad (4\text{-}5)$$

（2）民营煤炭企业

本章将民营煤炭企业划分为落后民营煤炭企业与先进民营煤炭企业两大类，其中落后民营煤炭企业指生产规模小、生产率低的企业，这类企业往往因资金短缺而不愿投资先进设备，因而将其概括为不投资先进设备的民营煤炭企业；先进民营煤炭企业指生产规模大、生产率高的企业，这类企业资金丰裕且愿意投资先进设备，因而将其概括为投资先进设备的民营煤炭企业。事实上，落后民营煤炭企业由于生产设备落后而时常发生安全事故。对此，国家自 1998 年 12 月以来就开始实施关闭落后小煤矿政策（俗称"关井政策"），直接针对关井或以关井为重要内容的文件至少在10 部以上（王鑫和钟笑寒，2013）。但从关井政策的实际执行效果来看，落后小煤矿关而不死、卷土重来的情况经常出现（Song & Mu，2013），其背后的原因在于这些小煤矿与地方政府存在政企合谋，有地方政府作为"保护伞"（聂辉华和蒋敏杰，2011）。政企合谋的表现形式多种多样，为简化分析，本章将政企合谋抽象为不投资先进设备的落后民营煤炭企业通过给予当地政府官员 c（用劳动力单位度量）的"保护费"而避免关门歇业之灾。此外，由于落后民营煤炭企业往往发生更多安全事故，使员工遭遇更多的伤亡，故假定落后民营煤炭企业需要在可变劳动力投入上额外承担一个固定的伤亡率 $\theta \in (0, 1)$ 以维持正常生产，即为保证 1 单位劳动力投入挖煤作业，该煤炭企业必须雇佣 $1/(1-\theta)$ 单位的劳动力。因为煤炭产品之间的替代弹性 $\sigma > 1$，所以生产率越高的民营煤炭企业因其定价低而需要更多数量的可变劳动投入。[①]也就是说，为了不在可变劳动投入上承担过多的伤亡损失，生产率高的先进民营煤炭企业愿意支付 F 单位购买先进设备，而生产率低的落后民营煤炭企业因承担较少的可变劳动投入及伤亡损失而不愿投资先进设备，转向给地方政府官员交"保护费"得以存活在市场上。故两类民营煤炭企业的成本函数为：

$$TC_{p0}(\varphi) = \begin{cases} TC_{p0}^c(\varphi) = w\left[\dfrac{1}{1-\theta}\dfrac{q_{p0}^c(\varphi)}{\varphi} + f + c\right], & \text{如果}\varphi_{p0}^* \leqslant \varphi \leqslant \varphi_{p0}^+ \\[3mm] TC_{p0}^F(\varphi) = w\left[\dfrac{q_{p0}^F(\varphi)}{\varphi} + f + F\right], & \text{如果}\varphi > \varphi_{p0}^+ \end{cases} \quad (4\text{-}6)$$

其中，工资率 $w = 1$，上标 c、F 分别代表落后民营煤炭企业和先进民营煤炭企业，下标 $p0$ 则代表存在政企合谋下民营煤炭企业的行为。φ_{p0}^* 是民营煤炭企业每期利润为零的生产率水平，即存活生产率；φ_{p0}^+ 是民营煤炭企业选择交"保护费"与投资先进设备利润无差异的生产率水平，即技术无差异生产率。最小化上述两类民营煤炭企业的成本函数，可以得到民营煤炭企业的定价水平：

$$p_{p0}(\varphi) = \begin{cases} p_{p0}^c(\varphi) = \dfrac{1}{\rho\varphi(1-\theta)}, & \text{如果}\varphi_{p0}^* \leqslant \varphi \leqslant \varphi_{p0}^+ \\[3mm] p_{p0}^F(\varphi) = \dfrac{1}{\rho\varphi}, & \text{如果}\varphi > \varphi_{p0}^+ \end{cases} \quad (4\text{-}7)$$

3. 竞争均衡

（1）国有企业市场

设均衡时国有煤炭企业的生产率分布为 $\mu_{s0}(\varphi)$，可以得到国有煤炭企业的平均生产率 $\tilde{\varphi}_{s0}$ 是 φ_{s0}^* 的函数：

---

① 因为 $\sigma > 1$，故 $\dfrac{VC(\varphi_1)}{VC(\varphi_2)} = \dfrac{q(\varphi_1)}{q(\varphi_2)}\dfrac{(w/\varphi_1)}{(w/\varphi_2)} = \left(\dfrac{\varphi_1}{\varphi_2}\right)^{\sigma-1} > 1 \Leftrightarrow \varphi_1 > \varphi_2$。

$$\tilde{\varphi}_{s0} = \tilde{\varphi}\left(\varphi_{s0}^*\right) = \left[\frac{1}{1-G\left(\varphi_{s0}^*\right)}\int_{\varphi_{s0}^*}^{+\infty}\varphi^{\sigma-1}g\left(\varphi\right)d\varphi\right]^{1/(\sigma-1)} \quad (4\text{-}8)$$

国有煤炭企业的零利润条件等价于：

$$\bar{\pi}_{s0}\left(\varphi_{s0}^*\right) = 0 \Leftrightarrow r_{s0}\left(\varphi_{s0}^*\right) = \left[f+(1-s)F\right]\sigma \Leftrightarrow \bar{\pi}_{s0} = \left[f+(1-s)F\right]\kappa\left(\varphi_{s0}^*\right) \quad (4\text{-}9)$$

其中，$\kappa\left(\varphi_{s0}^*\right) \equiv \left[\tilde{\varphi}\left(\varphi_{s0}^*\right)/\varphi_{s0}^*\right]^{\sigma-1} - 1 > 0$。

国有煤炭企业的自由进出条件意味着：

$$\bar{\pi}_{s0} = \frac{\delta f_e}{1-G\left(\varphi_{s0}^*\right)} \quad (4\text{-}10)$$

由零利润条件公式（4-9）和自由进出条件公式（4-10）可以决定均衡时国有煤炭企业的存活生产率 φ_{s0}^*[1]。计算可知，国有煤炭企业的存活生产率 φ_{s0}^* 与政府资本补贴比例 s 呈反比，而与固定成本 f、先进设备支出 F 呈正比，即 $\partial\varphi_{s0}^*/\partial s < 0$，$\partial\varphi_{s0}^*/\partial f > 0$，$\partial\varphi_{s0}^*/\partial F > 0$。[2]

（2）民营企业市场

设均衡时民营煤炭企业的生产率分布为 $\mu_{p0}\left(\varphi\right)$，可得均衡时的民营煤炭市场物价指数 P_{p0}：

$$P_{p0} = \left[\int_0^{+\infty}p_{p0}\left(\varphi\right)^{1-\sigma}M_{p0}\mu_{p0}\left(\varphi\right)\right]^{1/(1-\sigma)} = M_{p0}^{1/(1-\sigma)}p_{p0}\left(\tilde{\varphi}_{p0}\right) \quad (4\text{-}11)$$

其中，M_{p0} 代表均衡时民营煤炭企业的数量，$\tilde{\varphi}_{p0}$ 代表民营煤炭企业的加权平均生产率，具体定义如下所示：

$$\tilde{\varphi}_{p0} = \left[\int_0^{+\infty}\varphi^{\sigma-1}\mu_{p0}\left(\varphi\right)d\varphi\right]^{1/(\sigma-1)} \quad (4\text{-}12)$$

存在政企合谋下的民营煤炭企业的存活生产率 φ_{p0}^* 满足：$\pi_{p0}^c\left(\varphi_{p0}^*\right) = 0$。生产率水平低于 φ_{p0}^* 的民营煤炭企业将被市场淘汰，生产率水平高于 φ_{p0}^* 的民营煤炭企业将向市场提供产品。因存活企业后续的退出与其生产率无关，仅依赖于是否受到外生冲击，故企业的退出不影响均衡生产率分布

①　国有煤炭企业存活生产率 φ_{s0}^* 的存在性和唯一性证明参见附录A。

②　国有煤炭企业的比较静态分析证明参见附录A。

$\mu_{p0}(\varphi)$, $\mu_{p0}(\varphi)$ 是 $g(\varphi)$ 在 $[\varphi_{p0}^{*},\ +\infty)$ 的条件分布:

$$\mu_{p0}(\varphi) = \begin{cases} \dfrac{g(\varphi)}{1-G(\varphi_{p0}^{*})}, & \text{如果} \varphi \geqslant \varphi_{p0}^{*} \\ 0, & \text{如果} \varphi < \varphi_{p0}^{*} \end{cases} \qquad (4\text{-}13)$$

其中，$p_{p0}^{in} \equiv 1 - G(\varphi_{p0}^{*})$ 为民营煤炭企业进入市场前预期其能在市场上存活的概率。民营煤炭企业的平均生产率 $\tilde{\varphi}_{p0}$ 进一步可以表示为 φ_{p0}^{*} 的如下函数:

$$\tilde{\varphi}_{p0} = \tilde{\varphi}(\varphi_{p0}^{*}) = \left[\frac{1}{1-G(\varphi_{p0}^{*})} \int_{\varphi_{p0}^{*}}^{+\infty} \varphi^{\sigma-1} g(\varphi) d\varphi \right]^{1/(\sigma-1)} \qquad (4\text{-}14)$$

对任意 $\varphi \in [\varphi_{p0}^{*},\ \varphi_{p0}^{+}]$，生产率为 φ 与 φ_{p0}^{*} 的民营煤炭企业相对收入为:

$$\frac{r_{p0}^{c}(\varphi)}{r_{p0}^{c}(\varphi_{p0}^{*})} = \left(\frac{\varphi}{\varphi_{p0}^{*}} \right)^{\sigma-1} \qquad (4\text{-}15)$$

由于生产率为 φ_{p0}^{*} 的民营煤炭企业在每期实现零利润，故有:

$$\pi_{p0}^{c}(\varphi_{p0}^{*}) = 0 \Leftrightarrow r_{p0}^{c}(\varphi_{p0}^{*}) = \sigma(f+c) \qquad (4\text{-}16)$$

结合公式（4-15）与（4-16）可以得到:

$$r_{p0}^{c}(\varphi_{p0}^{+}) = \sigma \left(\frac{\varphi_{p0}^{+}}{\varphi_{p0}^{*}} \right)^{\sigma-1} (f+c) \qquad (4\text{-}17)$$

生产率 φ_{p0}^{+} 的民营煤炭企业选择交"保护费"与购买先进设备的相对收入为:

$$\frac{r_{p0}^{F}(\varphi_{p0}^{+})}{r_{p0}^{c}(\varphi_{p0}^{+})} = \left(\frac{1}{1-\theta} \right)^{\sigma-1} \qquad (4\text{-}18)$$

由于生产率为 φ_{p0}^{+} 的民营煤炭企业在选择交"保护费"或投资先进设备上是利润无差异的，故有:

$$\pi_{p0}^{F}(\varphi_{p0}^{+}) = \pi_{p0}^{c}(\varphi_{p0}^{+}) \Rightarrow r_{p0}^{F}(\varphi_{p0}^{+}) - r_{p0}^{c}(\varphi_{p0}^{+}) = \sigma(F-c) \qquad (4\text{-}19)$$

联立公式（4-17）、（4-18）和（4-19），可以解得:

$$\varphi_{p0}^{+} = \lambda_{p0} \varphi_{p0}^{*} \qquad (4\text{-}20)$$

其中，$\lambda_{p0} \equiv \left\{ (F-c)/\left[(1-\theta)^{1-\sigma} - 1 \right](f+c) \right\}^{1/(\sigma-1)}$。容易证明，$\lambda_{p0}$ 与 c、θ、f 成反比，与 F 成正比，故当 c、θ、f 足够小，或 F 足够大，即 $F >$ $\left[(1-\theta)^{1-\sigma} - 1 \right](f+c) + c$ 满足时，有 $\lambda_{p0} > 1$，即 $\varphi_{p0}^+ > \varphi_{p0}^*$。这是因为，$c$、$\theta$、$f$ 的减少或 F 的增大会引起 φ_{p0}^* 下降及 φ_{p0}^+ 上升，进而使 $\varphi_{p0}^+ > \varphi_{p0}^*$ 得到满足。[①] 因此，市场上存活民营煤炭企业的平均利润为：

$$
\begin{aligned}
\bar{\pi}_{p0} &= \int_{\varphi_{p0}^*}^{\varphi_{p0}^+} \pi_{p0}^c(\varphi) \frac{g(\varphi)}{1-G(\varphi_{p0}^*)} d\varphi + \int_{\varphi_{p0}^+}^{+\infty} \pi_{p0}^F(\varphi) \frac{g(\varphi)}{1-G(\varphi_{p0}^*)} d\varphi \\
&= \kappa(\varphi_{p0}^*)(f+c) + \frac{1-G(\varphi_{p0}^+)}{1-G(\varphi_{p0}^*)} \kappa(\varphi_{p0}^+)(F-c)
\end{aligned}
\tag{4-21}
$$

其中 $\varphi_{p0}^+ = \lambda_{p0}\varphi_{p0}^*$ 由公式（4-20）给出，且 $\kappa(\varphi_{p0}^*) \equiv \left[\tilde{\varphi}(\varphi_{p0}^*)/\varphi_{p0}^* \right]^{\sigma-1} - 1 > 0$，$\kappa(\varphi_{p0}^+) \equiv \left[\tilde{\varphi}(\varphi_{p0}^+)/\varphi_{p0}^+ \right]^{\sigma-1} - 1 > 0$。

民营煤炭企业的自由进出条件为：

$$
\bar{\pi}_{p0} = \frac{\delta f_e}{1-G(\varphi_{p0}^*)}
\tag{4-22}
$$

将公式（4-20）代入公式（4-21）并结合自由进出条件公式（4-22），可得到均衡时民营煤炭企业的存活生产率 φ_{p0}^*[②]。

静态比较分析结果表明民营煤炭企业的存活生产率 φ_{p0}^* 与"保护费" c、伤亡率 θ 及固定成本 f 呈正比，与先进设备投资支出 F 呈反比，即 $\partial\varphi_{p0}^*/\partial c > 0$，$\partial\varphi_{p0}^*/\partial\theta > 0$，$\partial\varphi_{p0}^*/\partial f > 0$，$\partial\varphi_{p0}^*/\partial F < 0$；民营煤炭企业选择交"保护费"与投资先进设备的技术无差异生产率 φ_{p0}^+ 与"保护费" c、伤亡率 θ 及固定成本 f 呈反比，与先进设备投资支出 F 呈正比，即 $\partial\varphi_{p0}^+/\partial c < 0$，$\partial\varphi_{p0}^+/\partial\theta < 0$，$\partial\varphi_{p0}^+/\partial f < 0$，$\partial\varphi_{p0}^+/\partial F > 0$。[③] 这是因为：①随着"保护费" c、

---

① 关于 φ_{p0}^* 以及 φ_{p0}^+ 与 c、θ、f、F 的比较静态分析详见附录A。

② 民营煤炭企业存活生产率 φ_{p0}^* 的存在性和唯一性证明参见附录A。

③ 民营煤炭企业的比较静态分析证明参见附录A。

伤亡率 θ 及固定成本 f 的提高，一方面，交"保护费"的民营煤炭企业的生产成本上升，在筛选效应的作用下民营煤炭企业的存活生产率 φ_{p0}^{*} 提高；另一方面，投资先进设备相对于交"保护费"变得便宜，这会诱使更多的民营煤炭企业选择投资先进设备，进而使得民营煤炭企业选择交"保护费"与投资先进设备的利润无差异生产率 φ_{p0}^{+} 下降。②随着投资先进设备的成本 F 提高，一方面，更多的民营煤炭企业会选择交"保护费"，提高煤炭市场的总物价水平，削弱煤炭市场的竞争强度，进而降低交"保护费"民营煤炭企业的存活生产率 φ_{p0}^{*}；另一方面，投资先进设备的成本提高使得只有生产率很高的民营煤炭企业才会选择投资先进设备，促使民营煤炭企业选择交"保护费"和投资先进设备利润无差异的生产率 φ_{p0}^{+} 上升。

二、模型分解：补贴效应与合谋效应

1. 补贴政策效应

假设取消偏向国有企业的资本补贴政策，国有煤炭企业的投资先进设备支出也将完全由其自己承担，此时国有煤炭企业新的成本函数为：

$$TC_{s2}(\varphi) = w\left[\frac{q_{s2}(\varphi)}{\varphi} + f + F\right] \qquad (4\text{-}23)$$

其中，下标 $s2$ 代表国有煤炭企业在不享受资本补贴政策下的行为。同样由零利润条件及自由进出条件可以决定取消资本补贴政策下国有煤炭企业的存活生产率 φ_{s2}^{*}[①]。图 4-1 展示了偏向国有企业资本补贴政策对国有煤炭企业均衡生产率及产能的影响。对国有煤炭企业而言，其存活生产率在享受资本补贴情况下为 φ_{s0}^{*}，不享受资本补贴情况下为 φ_{s2}^{*}。生产率位于 φ_{s0}^{*} 与 φ_{s2}^{*} 之间的国有煤炭企业只有依靠补贴才能存活在市场上，可谓是"僵

---

① 国有煤炭企业存活生产率 φ_{s2}^{*} 的存在性和唯一性证明参见附录 A。

尸企业"①过剩产能。不论是否获得国家的资本补贴，生产率位于 φ_{s2}^* 及以上的国有煤炭企业都会投资先进设备以保证生产的安全清洁。

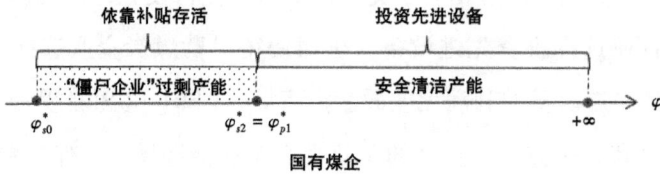

图 4-1　资本补贴对国有煤炭企业均衡生产率及产能的影响

资料来源：作者绘制。

命题 1：偏向国有煤炭企业的资本补贴政策有利于保障安全清洁生产，但会降低国有煤炭企业的生产率，滋生一批依靠补贴而存活的国有"僵尸企业"过剩产能。

2. 政企合谋效应

假定不允许政企合谋，那么原本交"保护费"的民营煤炭企业要么退出市场，要么投资先进设备。此时市场上存活的民营煤炭企业都是投资先进设备，且生产成本函数与不存在资本补贴下国有煤炭企业的成本函数相同，进而可以得到不存在政企合谋下民营煤炭企业的存活生产率 $\varphi_{p1}^* = \varphi_{s2}^*$。这里，下标 $p1$ 表示不存在政企合谋下民营煤炭企业的行为。由于投资先进设备的成本高于交"保护费"，故不允许政企合谋的情况下，没有能力投资先进设备的落后民营煤炭企业退出市场，存活在市场上的民营煤炭企业存活生产率 φ_{p1}^* 高于政企合谋下民营煤炭企业的存活生产率 φ_{p0}^*，即 $\varphi_{p1}^* > \varphi_{p0}^*$②。

图 4-2 描绘了政企合谋对民营煤炭企业均衡生产率及产能的影响。可

---

① 现有研究"僵尸企业"的文献，通常将连续亏损三年的企业认定为"僵尸企业"（申广军，2016）。本章假设企业每期都需要支付先进设备费用 F，也就意味着部分没有能力投资先进设备的国有煤炭企业每期都需要依靠补贴才能存活，这与"僵尸企业"特征比较接近，故本章称依靠补贴存活的国有煤炭企业为"僵尸企业"。
② 证明过程参见附录A。

以看到，存在政企合谋的情形下，民营煤炭企业的存活生产率为 φ_{p0}^{*}，技术无差异生产率为 φ_{p0}^{+}，生产率位于 φ_{p0}^{*} 与 φ_{p0}^{+} 之间的民营煤炭企业通过向当地政府官员"进贡""保护费"得以存活在市场上，生产率位于 φ_{p0}^{+} 及以上的民营煤炭企业则选择投资先进设备进行安全清洁生产。在不允许政企合谋的情形下，所有民营煤炭企业均投资先进设备，其存活生产率上升至 φ_{p1}^{*}。政企合谋一方面使得生产率介于 φ_{p0}^{*} 与 φ_{p1}^{*} 之间的落后民营煤炭企业存活在市场上，形成落后的过剩产能，另一方面诱使有能力投资先进设备的民营煤炭企业（生产率介于 φ_{p1}^{*} 与 φ_{p0}^{+} 之间）放弃投资先进设备而选择交"保护费"，形成待升级的过剩产能，加重落后产能的过剩。

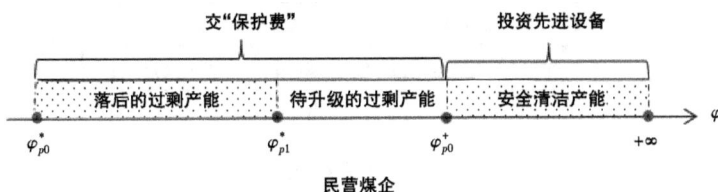

图 4-2 政企合谋对民营煤炭企业均衡生产率及产能的影响

资料来源：作者绘制。

命题 2：政企合谋使本该淘汰的落后小煤炭企业存活在市场上，并诱使有能力投资先进设备的煤炭企业选择交"保护费"，加剧落后的过剩产能形成。

3. 比较分析

图 4-3 展示了资本补贴与政企合谋对煤炭行业均衡生产率及产能的影响。令 $\varphi_{s=0}^{*} = \lim\limits_{s \to 0} \varphi_s^{*}$，$\varphi_{s=1}^{*} = \lim\limits_{s \to 1} \varphi_s^{*}$ 分别为 $s = 0$ 和 $s = 1$ 时国有煤炭企业的存活生产率，可得如下关系成立：$\varphi_{s=1}^{*} < \varphi_{p0}^{*} < \varphi_{s=0}^{*} = \varphi_{p1}^{*} < \varphi_{p0}^{+}$[①]。即不享受资本补贴下国有煤炭企业的存活生产率 $\varphi_{s=0}^{*}$ 高于交"保护费"的民营煤炭企业的存活生产率 φ_{p0}^{*}，但不如投资先进设备民营煤炭企业的最低生产率 φ_{p0}^{+}；享受过度补贴下国有煤炭企业的存活生产率 $\varphi_{s=1}^{*}$ 将低于交"保护费"

---

① 证明过程参见附录A。

的民营煤炭企业的存活生产率 φ_{p0}^*。这是因为，允许政企合谋存在的情形下，一些有能力投资先进设备的民营煤炭企业亦会选择交"保护费"而非投资先进设备，最终使得投资先进设备的民营煤炭企业都是生产率非常高的企业。另外，国有煤炭企业的生产率随资本补贴的增多而降低，过度补贴有可能使得国有煤炭企业的存活生产率 φ_{s0}^* 甚至低于民营煤炭企业的存活生产率。资本补贴与政企合谋均会带来企业生产率的降低，并分别引致国有"僵尸企业"过剩产能及民营落后企业过剩产能。

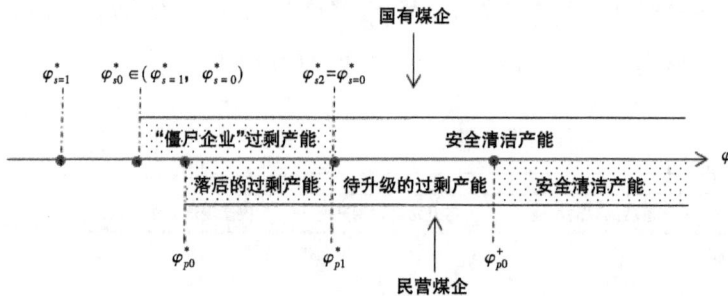

（a）$\varphi_{s0}^* < \varphi_{p0}^*$ 的情形

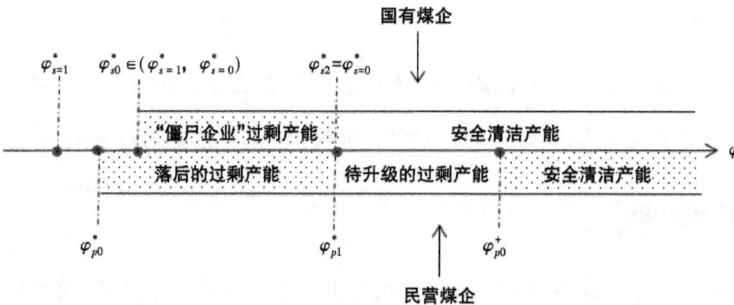

（b）$\varphi_{s0}^* > \varphi_{p0}^*$ 的情形

图 4-3　资本补贴与政企合谋对煤炭行业均衡生产率及产能的影响

资料来源：作者绘制。

命题 3：单纯取消国有企业补贴或打破政企合谋仍存在一定的效率损失，且不利于彻底化解过剩产能。

第三节　模型校准与政策模拟

一、不同政策路径下的福利变化

假设存在四种社会状态，分别为存在国有补贴与政企合谋、无国有补贴但存在政企合谋、有国有补贴但无政企合谋、无国有补贴亦无政企合谋。每种状态下消费者福利表达式为：

$$SW_i = \frac{R_i}{\left(Q_{pi}^c\right)^\alpha P_i} \tag{4-24}$$

其中 i = 0，1，2，3 分别代表上述四种社会状态，R_i 为全社会的可支配收入，Q_{pi}^c 为未投资先进设备民营煤炭企业的产量[1]，α 表示人们对肮脏生产的厌恶程度，P_i 为全社会的总物价指数。下文将模拟不同路径下取消资本补贴及打破政企合谋的福利效应。假定全社会的初始状态存在资本补贴与政企合谋，路径①为先取消偏向国有企业的资本补贴政策，再打破政企合谋；路径②为先打破政企合谋，再取消偏向国有企业的资本补贴政策；路径③为同时取消国有资本补贴政策并打破政企合谋（如图 4-4）。

---

[1]　每种社会状态下消费者福利表达式见附录A。为保证分母不为零，假定不存在政企合谋时 Q_{pi}^c=1。

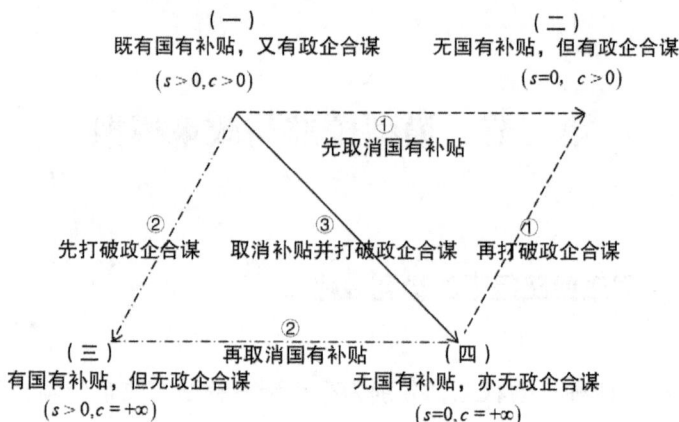

图 4-4　三种政策路径示意图

资料来源：作者绘制。

二、参数设定

数值模拟使用的主要数据为国家统计局 1998—2007 年中国工业企业数据库煤炭行业数据。借鉴 Brandt，Van Biesebroeck & Zhang（2012）的做法，先利用法人代码、企业名称、地区代码等信息对工业企业数据库进行样本匹配构建面板数据；再删除销售额、总资产、职工人数、固定资产净值等关键指标缺失，如不符合会计原则（总资产小于流动资产等），职工人数少于 8 人，销售额低于 500 万元，实收资本不大于零等异常观测值，最终获得总计 35926 家煤炭企业的非平衡面板数据。进一步地，使用 LP 方法测算全要素生产率，测算过程中的产出使用工业增加值进行度量，并用各省工业品出厂价格指数进行平减，中间投入采用工业品购进价格指数进行平减，资本存量的处理借鉴简泽等（2014）的方法，并用固定资产投资价格总指数进行平减，所有的价格指数均以 1998 年为基期。煤炭行业的全要素生产率近似服从对数正态分布，即 $ln\,TFP \sim N\left(\mu_m,\ \sigma_m^2\right)$。其中，2004 年煤炭行业的全要素生产率近似服从均值为

7.34，标准差为 1.08 的对数正态分布（如图 4-5）。① 笔者选取 2004 年作为存在国有补贴和政企合谋的初始年份，这是因为煤炭行业偏向国有企业的补贴政策长期存在，但官煤勾结曾几度被中央部门打击，并不一直盛行。自 20 世纪 90 年代以来，最严格的一次官煤勾结整顿风暴当属 2005 年那场。2005 年 8 月，国务院办公厅发布《关于坚决整顿关闭不具备安全生产条件和非法煤矿的紧急通知》（国办发明电〔2005〕21 号），明确要求国家机关工作人员和国有企业负责人在一个月内必须撤出煤矿投资，逾期不撤出投资的，依照有关规定给予处罚。2004 年是此轮官煤勾结整顿风暴的前一年，应当说是政企合谋盛行的一个时间点，比较适合作为存在政企合谋和补贴政策的初始社会状态。

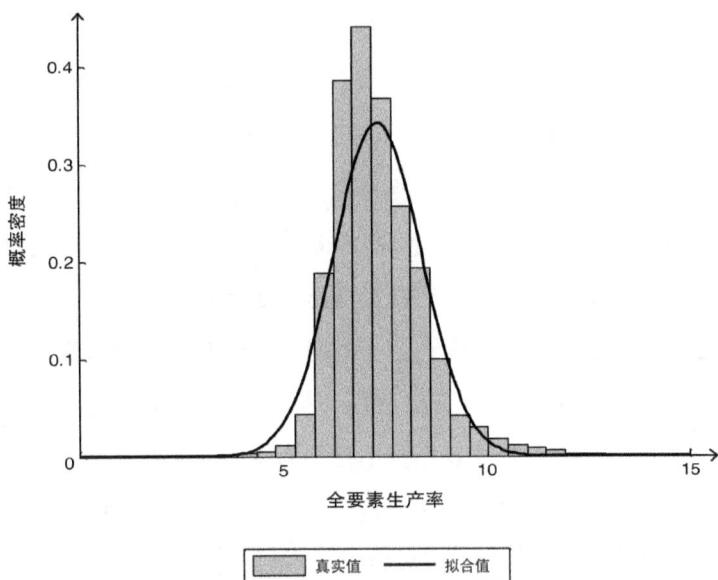

图 4-5　2004 年煤炭企业全要素生产率分布

　　基于 2004 年煤炭行业数据，采用销售收入总额度量市场规模 L，其值为 4000 亿元；使用国有煤炭企业销售收入总额衡量国有煤炭企业的劳动

---

① 为与理论模型对应，校准部分仅选取内资企业，不包括外资企业。因为外资企业与理论模型刻画的企业特性有所不同，且2004年外资企业数量及其产值仅占煤炭企业总数和总产值的0.5%和2%。

力数目 $L_s^{①}$，大小为 2900 亿元；进入成本 f_e 取新进入民营煤炭企业的平均资产总计 0.18 亿元；与 Bernard, Redding & Schott（2007）及 Defever & Riaño（2012）的做法一致，以进入成本的 5% 作为每期的固定成本，$f=$ 0.01 亿元。借助毛其淋和盛斌（2013）的计算，取煤炭企业每一期退出市场的外生冲击 $δ$ 为 1999—2006 年间制造业企业的年平均退出率，即 $δ=$ 0.17^{②}。鉴于国有企业享受巨大的财政补贴、融资成本、土地租金等优惠，本章取 $s=0.80$。考虑到煤炭生产主要带来大气污染，本章取人们对肮脏生产的厌恶程度 $α$ 为 0.01，该值等于 2004 年中国大气污染造成的健康经济损失占同期 GDP 的比例（於方等，2007）。发达国家的产品替代弹性一般取 4～8 之间（Anderson & van Wincoop，2004），因中国是发展中国家，且煤炭产品的差异性不大，故取替代弹性 $σ=8$。

出于数据方面的限制，笔者不能区分出投资先进设备与交"保护费"的企业，对此，以 2011 年开始界定企业是否为规模以上的 2000 万销售额为划分标准，假设规模以上企业选择投资先进设备 F，剩余企业选择交保护费 c。^{③} 另外，本章的先进设备投资 F 指安全、清洁生产投资支出，然而目前国内对煤炭企业在清洁生产投资支出方面无强制性要求，没有清洁生产投资的相关数据，故使用煤炭企业每期的安全支出费用来度量先进设备支出。关于煤炭企业的安全支出费用，据煤炭信息研究院统计，2005 年、2006 年全国煤矿平均提取安全费用分别为 10 元/吨及 11 元/吨左右。^{④} 鉴于每吨煤的安全支出费用在 2005—2006 年间相对稳定，且 2004 年的每吨煤安全支出费用并未公布，本章设定 2004 年每吨煤的安全费用支出为 9 元/吨。在 2004 年，全国共有 1719 家煤炭企业销售额在 2000 万元及以上，

---

① 根据 $w=1$，可以证明市场上企业的劳动力总供给等于企业的销售收入总额（Melitz，2003）。

② 企业每一期退出市场的外生冲击 $δ$ 代表市场竞争条件下企业正常的退出概率，由于煤炭行业的企业退出存在较强的政府干预，并非市场竞争的结果，故不用煤炭行业的企业平均退出率衡量 $δ$。

③ 目前年产量 9 万吨及以下煤矿是国家重点淘汰的对象，假定这些企业由于面临淘汰风险更会选择交"保护费"，根据 2004 年商品煤每吨平均价格 206 元（潘韦尔，2004），可以算得其销售额约为 2000 万元。

④ 国家煤矿安全监察局.中国煤炭工业年鉴 2007[M]. 北京：煤炭工业出版社，2008.

具备安全保障的煤矿生产能力 12 亿吨。[①]通过计算可得每家煤炭企业的平均安全费用支出（即先进设备投资支出）F 为 600 万元。对伤亡率 θ，使用落后民营煤炭企业职工死亡支出占其职工工资总额的比例进行度量。假设 2004 年每位煤矿事故遇难者享受 8 万元的赔偿金[②]，根据 2004 年社队、乡镇煤矿与矿办小井的事故死亡人数为 4357 人[③]，以及 2004 年工业企业数据库中销售额低于 2000 万元的民营煤炭企业职工工资总额为 45.44 亿元，可算得 $\theta = 0.08$。表 4-1 汇总了模型校准过程中使用的所有参数取值情况。

表 4-1　参数取值

参数	参数含义	取值
μ_m	对数正态分布的均值	7.34
σ_m	对数正态分布的标准差	1.08
L	市场规模	4000
f_e	进入成本	0.18
f	每期固定成本	0.01
L_s	国有煤炭企业劳动力供给数目	2900
F	每期投资先进生产支出	0.06
θ	伤亡率	0.08
δ	企业每期退出的概率	0.17
s	补贴率	0.80
a	对肮脏生产的厌恶程度	0.01
σ	替代弹性	8.00

资料来源：相关文献或作者计算。

三、模型校准

相关统计资料显示，全国小煤矿（乡镇矿）在 2004 年高达 2.30 万个（岳福斌，2015）。受关井政策等的影响，大量小煤矿在后续年份被关闭，

---

① 国家煤矿安全监察局. 中国煤炭工业年鉴2005[M]. 北京：煤炭工业出版社，2006.

② 魏文彪. 提高赔偿成本遏止矿难[N]. 新京报，2004.

③ 国家煤矿安全监察局. 中国煤炭工业年鉴2008增刊[M]. 北京：煤炭工业出版社，2010.

并在 2015 年减至 7000 个。[①] 也就是说，2004—2015 年间被关闭的乡镇煤矿比例为 70%。假设被关闭的煤炭企业均是交"保护费"的企业，根据交"保护费"煤炭企业占民营煤炭企业总数的 70%，可校准出"保护费" $c =$ 0.01 亿元，进而可得到煤炭企业的销售收入与利润校准值。表 4-2 展示了销售收入与利润的真实值与校准值的中位数、四分位数及标准差，发现真实值与校准值的数值相当接近，说明模型较好地拟合了真实数据。

表 4-2　销售收入和利润真实值与校准值的比较

	销售收入				利润			
	下四分位	中位数	上四分位	标准差	下四分位	中位数	上四分位	标准差
真实值	8.9146	9.5243	10.3936	1.1880	6.3969	7.3212	8.3200	1.7575
校准值	8.9687	9.5673	10.2856	1.1679	6.6065	7.5108	8.4025	1.5965

注:取对数,原始数据单位为千元。

进一步地，笔者选取企业利润（取对数）指标，对其真实值与校准值的分布情况进行了比较（如图 4-6）。其中，图（a）、图（b）及图（c）分别汇报了全样本、国有煤炭企业与民营煤炭企业利润的真实值与校准值分布情况。显而易见，校准值与真实值的分布也具有较好的拟合程度，更加说明模型的设定及参数的取值与现实较为吻合。

[①]　数据引自《关于"十二五"期间进一步推进煤炭行业淘汰落后产能工作的通知》（发改能源〔2011〕2091号）。

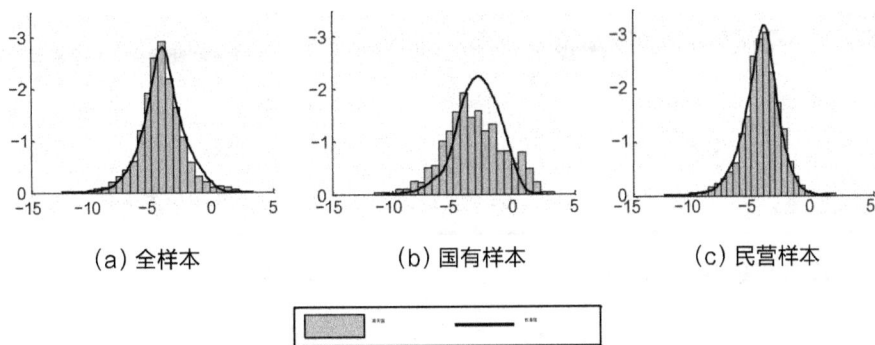

(a) 全样本　　　　　　(b) 国有样本　　　　　　(c) 民营样本

图 4-6　煤炭企业利润分布:数据与模型

为检验参数设置的合理性,笔者还对进入成本 f_e,补贴率 s,先进设备支出 F 与伤亡率 θ 等核心参数及其组合的取值进行了敏感性分析。具体而言,分别考察上述核心参数及其组合的取值波动 ±5% 对销售收入及利润的影响,结果见表 4-3。[①] 与表 4-2 的结果进行比较可以发现,参数取值波动并不明显改变销售收入和利润的校准值。另外,煤炭企业利润校准值与真实值的分布拟合也不随核心参数及其组合取值的小幅波动而有大的改变[②],说明销售收入与利润等结果变量对参数取值的波动不敏感,反映出参数设置的合理,为下文估计生产率、过剩产能及社会福利奠定良好基础。

表 4-3　核心参数波动情况下销售收入和利润的校准值

参数	销售收入				利润			
	中位数		标准差		中位数		标准差	
	−5%	+5%	−5%	+5%	−5%	+5%	−5%	+5%
$f_e(\pm 5\%)$	9.5082	9.5966	1.1662	1.1702	7.4406	7.5130	1.6087	1.6246
$s(\pm 5\%)$	9.5968	9.5352	1.1679	1.1679	7.5495	7.4488	1.6273	1.6304
$F(\pm 5\%)$	9.5571	9.5771	1.1694	1.1662	7.4898	7.5131	1.6355	1.5958
$\theta(\pm 5\%)$	9.5909	9.5407	1.1574	1.1780	7.5433	7.4694	1.6158	1.6242
$F(-5\%)$ 且 $\theta(\pm 5\%)$	9.5807	9.5305	1.1594	1.1803	7.5308	7.4372	1.6406	1.6091

① 限于篇幅,正文未汇报销售收入和利润校准值的上四分位数与下四分位数,以及核心参数波动±10%的结果,分析表明校准结果依然稳健,感兴趣的读者可函索。

② 限于篇幅,正文未汇报核心参数波动情况下煤炭企业利润的各组分布图,感兴趣的读者可函索。

续表

参数	销售收入				利润			
	中位数		标准差		中位数		标准差	
	−5%	+5%	−5%	+5%	−5%	+5%	−5%	+5%
$F(+5\%)$ 且 $\theta(\pm5\%)$	9.6008	9.5505	1.1564	1.1765	7.5503	7.4654	1.6166	1.6280

注:取对数,原始数据单位为千元。

四、存活生产率及产能过剩企业估计

根据设定的参数取值及校准的"保护费"可以计算得到国有、民营煤炭企业的存活生产率与各类煤炭企业的占比(如图4-7)。存在偏向性资本补贴下国有煤炭企业的存活生产率 φ_{s0}^*=6.94,依靠交"保护费"而存活的民营煤炭企业存活生产率 φ_{p0}^*=7.04,两者的存活生产率均小于煤炭行业的平均生产率(μ_m=7.34)。此外,交"保护费"的民营煤炭企业的存活生产率 φ_{p0}^* 略高于获得资本补贴的国有煤炭企业存活生产率 φ_{s0}^*,表明国家偏向国有煤炭企业的资本补贴带来较为严重的效率损失。取消资本补贴后,国有煤炭企业的存活生产率校准值 $\varphi_{s=0}^*$=7.67,超过交"保护费"的民营煤炭企业的存活生产率校准值 φ_{p0}^*,却不及投资先进设备民营煤炭企业的最小生产率校准值 φ_{p0}^+。经过进一步的计算可得,国有煤炭企业中依赖资本补贴而存活的国有"僵尸企业"过剩产能企业数占比41%。民营企业中交"保护费"的落后过剩产能企业数占比38%,有能力投资先进设备却选择交"保护费"的待升级过剩产能企业数占比32%,始终投资先进设备的民营煤炭企业数占比为30%。

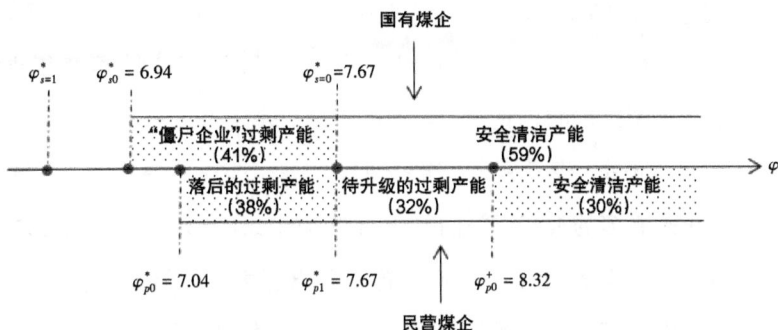

图 4-7　各类煤炭企业的生产率校准值及相应的企业比例

五、福利效应

表 4-4 展示了三种政策路径下消费者福利的改善程度。在路径①下，先取消偏向国有煤炭企业的资本补贴，能使消费者福利改善 1.65%，再打破政企合谋，能使消费者福利进一步增加 7.80%。在路径②下，先打破政企合谋，再取消偏向国有煤炭企业的资本补贴，分别使消费者福利提高 7.15% 和 2.30%，每种政策带来的消费者福利改善大小与路径①相近。在路径③下，取消资本补贴并打破政企合谋能提高全社会消费者福利 9.45%。

表 4-4　不同政策路径下消费者福利变化　　　　　　单位:%

政策路径	路径①		路径②		路径③
	先取消资本补贴	再打破政企合谋	先打破政企合谋	再取消资本补贴	取消资本补贴并打破政企合谋
消费者福利改善	1.6526	7.7951	7.1457	2.3020	9.4477

资料来源：作者利用 Matlab 软件计算。

值得一提的是，不论是路径①还是路径②，消费者福利改善均主要来自打破政企合谋。这是因为，偏向国有企业的资本补贴政策仅仅造成国有煤炭企业的生产率低下，而政企合谋使得本该淘汰的落后民营煤炭企业得以存活，不仅造成生产率损失，还带来较多的安全事故及环境污染。具体而言，由于安全隐患的存在，交"保护费"的落后民营煤炭企业在可变劳动力投入上额外增加一个固定的伤亡率，企业的生产成本上升，产品定价提高，消费者福利降低；此外，落后民营煤炭企业生产技术落后，缺少相应的扬尘防护等措施，带来更多的大气污染而恶化消费者的效用；最后，民营煤炭企业上交的"保护费"只是加重了企业负担，并没有生产功能，纯粹属于资源浪费。总而言之，交"保护费"的落后民营煤炭企业的存在虽然能通过丰富煤炭产品的多样性产生一定的正面效应，但其带来的生产率损失、安全事故及环境污染等负面效应更多，且落后民营煤炭企业产生的负面效应超过偏向国有煤炭企业的资本补贴政策带来的生产率损失负面效应。

命题 4：中国煤炭行业存在的补贴政策与政企合谋对全社会消费者福利造成约 9% 的损失，其中政企合谋带来的消费者福利损失占主导地位。

六、稳健性分析

为检验上述结论的稳健性，同样选取进入成本 f_e，补贴率 s，先进设备投资支出 F，伤亡率 θ 等核心参数，分析这些参数及其组合的取值范围波动对研究结论的影响。表 4-5 至表 4-10 分别给出了以上参数及其组合的取值变动 ±5% 及 ±10% 下各类企业的存活生产率、企业数占比与消费者福利水平。与图 4-7 和表 4-4 的结果进行比较可以发现，参数取值波动并不明显改变各类煤炭企业的存活生产率、企业数占比，以及各政策路径带来的福利改善程度。因此，本章的结论是稳健的。

表 4-5　核心参数波动上下 5% 对应的各类企业存活生产率

参数	国有"僵尸企业"存活生产率 φ_{s0}^*		国有安全清洁产能企业存活生产率 $\varphi_{s=0}^*$		民营落后的过剩产能企业存活生产率 φ_{p0}^*		民营待升级过剩产能企业存活生产率 φ_{p1}^*		民营安全清洁产能企业存活生产率 φ_{p0}^+	
	−5%	+5%	−5%	+5%	−5%	+5%	−5%	+5%	−5%	+5%
f_e(±5%)	6.9414	6.8890	7.6747	7.6385	7.0356	6.9759	7.6747	7.6385	8.3151	8.2897
s(±5%)	7.0112	6.8627	7.6747	7.6747	7.0356	7.0356	7.6747	7.6747	8.3151	8.3151

续表

参数	国有"僵尸企业"存活生产率 φ_{s0}^{*}		国有安全清洁产能企业存活生产率 $\varphi_{s=0}^{*}$		民营落后的过剩产能企业存活生产率 φ_{p0}^{*}		民营待升级过剩产能企业存活生产率 φ_{p1}^{*}		民营安全清洁产能企业存活生产率 φ_{p0}^{+}	
	−5%	+5%	−5%	+5%	−5%	+5%	−5%	+5%	−5%	+5%
$F(\pm5\%)$	6.9227	6.9597	7.6489	7.6993	6.9931	7.0753	7.6489	7.6993	8.2969	8.3326
$\theta(\pm5\%)$	6.9414	6.9414	7.6747	7.6747	7.0683	7.0027	7.6747	7.6747	8.3294	8.3010
$F(-5\%)$ 且$\theta(\pm5\%)$	6.9227	6.9227	7.6489	7.6489	7.0270	6.9590	7.6489	7.6489	8.3114	8.2827
$F(+5\%)$ 且$\theta(\pm5\%)$	6.9597	6.9597	7.6993	7.6993	7.1070	7.0435	7.6993	7.6993	8.3468	8.3186

表 4-6 核心参数波动上下 5% 对应的各类企业占比 单位:%

参数	国有"僵尸企业"比例		国有安全清洁产能企业比例		民营落后的过剩产能企业比例		民营待升级过剩产能企业比例		民营安全清洁产能企业比例	
	−5%	+5%	−5%	+5%	−5%	+5%	−5%	+5%	−5%	+5%
$f_e(\pm5\%)$	0.4267	0.4091	0.5734	0.5909	0.3806	0.3811	0.3194	0.3189	0.3000	0.3000
$s(\pm5\%)$	0.3894	0.4360	0.6106	0.5640	0.3808	0.3808	0.3192	0.3192	0.3000	0.3000
$F(\pm5\%)$	0.4043	0.4202	0.5957	0.5798	0.3811	0.3806	0.3189	0.3195	0.3000	0.3000
$\theta(\pm5\%)$	0.4125	0.4125	0.5875	0.5875	0.3688	0.3924	0.3312	0.3076	0.3000	0.3000
$F(-5\%)$ 且$\theta(\pm5\%)$	0.4043	0.4043	0.5957	0.5957	0.3690	0.3926	0.3310	0.3074	0.3000	0.3000
$F(+5\%)$ 且$\theta(\pm5\%)$	0.4202	0.4202	0.5798	0.5798	0.3685	0.3921	0.3315	0.3079	0.3000	0.3000

表 4-7 核心参数波动上下 5% 对应的福利效应 单位:%

参数	路径①				路径②				路径③	
	先取消补贴政策		再打破政企合谋		先打破政企合谋		再取消补贴政策		取消补贴政策并打破政企合谋	
	−5%	+5%	−5%	+5%	−5%	+5%	−5%	+5%	−5%	+5%
$f_e(\pm5\%)$	2.5645	2.268	7.1229	7.1311	7.8253	7.7694	1.862	1.6297	9.6873	9.3991
$s(\pm5\%)$	1.9024	2.7883	7.1997	7.0841	7.7705	7.8253	1.3316	2.047	9.1021	9.8723
$F(\pm5\%)$	2.1717	2.4303	7.1496	7.1414	7.7711	7.8181	1.5503	1.7536	9.3214	9.5717
$\theta(\pm5\%)$	2.3029	2.3012	7.1853	7.1062	7.8381	7.753	1.6501	1.6544	9.4882	9.4074
$F(-5\%)$ 且$\theta(\pm5\%)$	2.1725	2.1709	7.1892	7.1089	7.8132	7.727	1.5486	1.5528	9.3617	9.2798
$F(+5\%)$ 且$\theta(\pm5\%)$	2.4312	2.4294	7.1812	7.1016	7.862	7.7749	1.7504	1.7562	9.6123	9.5310

表4-8　核心参数波动上下10%对应的各类企业存活生产率

参数	国有"僵尸企业"存活生产率 φ_{s0}^*		国有安全清洁产能企业存活生产率 $\varphi_{s=0}^*$		民营落后的过剩产能企业存活生产率 φ_{p0}^*		民营待升级过剩产能企业存活生产率 φ_{p1}^*		民营安全清洁产能企业存活生产率 φ_{p0}^+	
	-5%	+5%	-5%	+5%	-5%	+5%	-5%	+5%	-5%	+5%
$f_e(\pm5\%)$	6.9567	6.5008	7.7266	7.5295	7.1187	6.7852	7.7266	7.5295	8.3521	8.2151
$s(\pm5\%)$	7.0738	6.7725	7.6747	7.6747	7.0356	7.0356	7.6747	7.6747	8.3151	8.3151
$F(\pm5\%)$	6.9033	6.9773	7.6217	7.7228	6.9475	7.1127	7.6217	7.7228	8.2780	8.3493
$\theta(\pm5\%)$	6.9414	6.9414	7.6747	7.6747	7.1008	6.9696	7.6747	7.6747	8.3440	8.2871
$F(-5\%)$ 且$\theta(\pm5\%)$	6.9033	6.9033	7.6217	7.6217	7.0176	6.8763	7.6217	7.6217	8.3073	8.2495
$F(+5\%)$ 且$\theta(\pm5\%)$	6.9773	6.9773	7.7228	7.7228	7.1741	7.0509	7.7228	7.7228	8.3777	8.3218

表4-9　核心参数波动上下10%对应的各类企业占比　　　　　单位:%

参数	国有"僵尸企业"比例		国有安全清洁产能企业比例		民营落后的过剩产能企业比例		民营待升级过剩产能企业比例		民营安全清洁产能企业比例	
	-10%	+10%	-10%	+10%	-10%	+10%	-10%	+10%	-10%	+10%
$f_e(\pm10\%)$	0.4360	0.4493	0.5640	0.5507	0.3803	0.3819	0.3198	0.3181	0.3000	0.3000
$s(\pm10\%)$	0.3667	0.4598	0.6333	0.5402	0.3808	0.3808	0.3192	0.3192	0.3000	0.3000
$F(\pm10\%)$	0.3956	0.4276	0.6044	0.5725	0.3813	0.3803	0.3187	0.3197	0.3000	0.3000
$\theta(\pm10\%)$	0.4125	0.4125	0.5875	0.5875	0.3562	0.4035	0.3438	0.2965	0.3000	0.3000
$F(-10\%)$ 且$\theta(\pm10\%)$	0.3956	0.3956	0.6044	0.6044	0.3568	0.4039	0.3432	0.2961	0.3000	0.3000
$F(+10\%)$ 且$\theta(\pm10\%)$	0.4276	0.4276	0.5725	0.5725	0.3557	0.4030	0.3443	0.2970	0.3000	0.3000

表4-10　核心参数波动上下10%对应的福利效应　　　　　单位:%

参数	路径①				路径②				路径③	
	先取消补贴政策		再打破政企合谋		先打破政企合谋		再取消补贴政策		取消补贴政策并打破政企合谋	
	-10%	+10%	-10%	+10%	-10%	+10%	-10%	+10%	-10%	+10%
$f_e(\pm10\%)$	2.7360	3.3184	7.1168	6.9462	7.8558	7.7653	1.9970	2.4993	9.8528	10.2650
$s(\pm10\%)$	1.5717	3.3857	7.2474	7.0127	7.7503	7.8628	1.0688	2.5357	8.8191	10.3980
$F(\pm10\%)$	2.0403	2.5574	7.1531	7.1364	7.7460	7.8398	1.4474	1.8540	9.1934	9.6938
$\theta(\pm10\%)$	2.3037	2.3003	7.2252	7.0655	7.8819	7.7088	1.6470	1.6570	9.5289	9.3658
$F(-10\%)$ 且$\theta(\pm10\%)$	2.0419	2.0387	7.2348	7.0707	7.8350	7.6579	1.4416	1.4516	9.2766	9.1095
$F(+10\%)$ 且$\theta(\pm10\%)$	2.5593	2.5556	7.2138	7.0580	7.9246	7.7552	1.8485	1.8584	9.7731	9.6136

第四节 小 结

本章理论研究表明偏向国有煤炭企业的资本补贴政策能改善国有煤炭企业的安全清洁生产，但会降低国有煤炭企业的生产率，形成一批依赖补贴而存活的国有"僵尸企业"。进一步地，政府对国有煤炭企业过高的偏向性资本补贴将使国有煤炭企业的存活生产率甚至不及交"保护费"的民营煤炭企业的存活生产率。政企合谋一方面让本该淘汰的低生产率民营煤炭企业存活在市场上，另一方面还促使有能力投资先进生产设备的民营煤炭企业放弃投资先进设备而转向交"保护费"，以不安全及污染的方式生产，加重落后产能的过剩。偏向国有企业的资本补贴是造成国有"僵尸企业"产能过剩的主要原因，而久淘不汰的落后民营企业过剩产能主要源于政企合谋。数值模拟的结果表明，中国煤炭行业因补贴政策与政企合谋带给全社会约 9% 的消费者福利损失，依靠政企合谋存活的落后民营煤炭企业因存在安全隐患并带来更多的环境污染，与补贴政策带来的国有"僵尸企业"相比，会造成更大的福利损失。上述结论在核心参数波动情况下仍然稳健。

本章的发现有助于理解所有制偏向性政策对企业生产率及产能过剩的影响机制，偏向国有企业的资本补贴政策虽然会恶化国有企业的全要素生产率，但其能缓解不安全、污染等负外部性，对社会福利的损害并不那么严重。鉴于国有企业比民营企业容易监管，故在缓解负外部性或产生正外部性的领域，让国有企业适当生存并对其进行一定的偏向性补贴还是必要的。但为促进民营企业高质量发展，也需为民营企业发展营造公平竞争和有利于促进优胜劣汰的发展环境；作为中国特色社会主义经济的"顶梁柱"，国有企业需主动推进自身建设，提质增效，提高核心竞争力，增强发展后劲，奋力开创国有企业高质量发展新局面。

第五章

CHAPTER | 5

土地偏向性政策、资源配置与企业高质量发展

第一节 引　言

20世纪90年代以来，财政分权和政治晋升的激励促使地方政府非常热衷于将土地出让用作建设用地，推动本地经济发展。与此同时，城镇化与工业化的迅速推进导致城镇周边优质耕地数量与质量急剧下降，耕地资源的快速非农化已威胁到我国粮食生产安全。为严格控制城市化与工业化建设对耕地资源的占用，1998年出台的《土地管理法》正式提出实施耕地占补平衡制度，要求建设单位必须补充相应规模的耕地，以保证耕地数量不减少。2003年以后，中央政府出于区域经济总量平衡的考量，将大量建设用地指标投向中西部地区，使得东部地区在全国建设用地指标所占的比重逐年下降（Han & Lu，2017；陆铭、张航和梁文泉，2015）。陆铭和向宽虎（2014），Liang，Lu & Zhang（2016）等指出偏向中西部地区的土地供给政策促进了中西部地区的经济发展，却造成东部地区的效率损失。

在耕地占补平衡与建设用地指标收紧的双重压力下，土地供应紧张的东部沿海地区在2003年以后开始进行大规模的滩涂围垦，全国围填海造地确权面积从2003年的2.12千公顷飙升至2009年的17.89千公顷（图5-1）。毋庸置疑，对于经济增长最活跃，但人均土地资源少且后备土地资源缺乏的东部沿海省份而言，围填海造地已成为其拓展发展空间、落实耕地占补平衡、促进经济持续较快发展的重要途径（国土资发〔2010〕219号）。根据《海域使用管理公报》和《中国国土资源年鉴》的历年统计资料显示，2003—2012年间沿海地区围填海造地总面积约占新增建设用地的12%（郭信声，2014）。可见，围填海给东部沿海地区带来了相当可观的建设用地。对东部沿海县与其邻县而言，两者在经济发展、地理位置等方面均较为相似，并受到相同的土地供应收紧政策的影响，但由于沿海县及其邻县在自然资源禀赋上存在潜在差异，沿海县可以利用丰富的海涂资源通过围填海来增加土地供应，而其邻县则不能，这使得围填海造地在一定程度上是偏向沿海县的土地政策。此外，沿海县距内地市场较远，产业结构以临港重化工业为主，经济发达水平相对其邻县较差，这使得偏向沿海县的土地政策实质上也是扶持欠发达地区的政策。

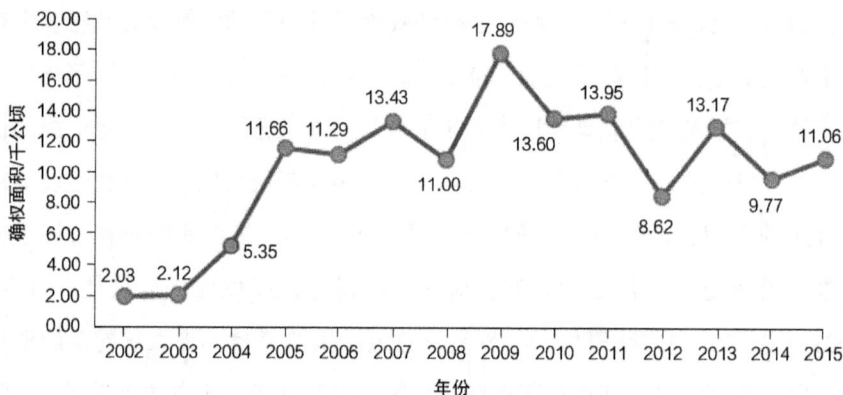

图 5-1　2002—2015 年全国围填海造地确权面积

数据来源：2002—2015 年海域使用管理公报，国家海洋局。①

　　进一步地，本章基于 Python 网络爬虫技术获取中国土地市场网 2007 年以来的每一宗土地交易数据，并将其汇总到县级层面。② 表 5-1 比较了沿海县及其邻县 2007 年各类土地平均出让面积与出让价格。③ 可以发现 2007 年沿海县各类土地平均出让面积均大于其邻县，但在价格方面，不论

①　国家海洋局自2002年开始每年发布《海域使用管理公报》，2002年以前填海造地的统计数据尚未公布。

②　《招标拍卖挂牌出让国有土地使用权规范（试行）》（国土资发〔2006〕114号）要求自2006年8月1日起，市、县国土资源管理部门需将每宗国有土地使用权的出让计划及出让结果公布在中国土地市场网。这使得2007年及以后的每一宗工业用地出让结果均可从中国土地市场网上获取，但2007年以前的工业用地出让数据因缺失严重而未被使用。

③　选择2007年进行比较，是考虑到在现有可获得的土地数据中，2007年离本章关心的偏向中西部土地供应政策实施年份最近，最具有可比性。此外，表5-1的工业用地类型具体包括工业用地和工矿仓储用地，商业用地类型具体包括住宿餐饮用地、批发零售用地、商务金融用地、商服用地、其他商服用地、文体娱乐用地及新闻出版用地，住宅用地类型具体包括住宅用地、高档住宅用地、中小套型普通商品住房用地、中低价位、廉租住房用地、经济适用住房用地、其他住房用地和其他普通商品住房用地。

是绝对数还是相对数，沿海县工业用地的平均出让价格均低于其邻县。那么，笔者不禁有疑问，在耕地占补平衡与建设用地指标收紧的背景下，相对于不能围垦的非沿海地区，沿海地区通过围填海获得额外的土地，并以较低的价格出让土地是否能吸引到高效率的企业，进而带动当地企业绩效的改善？抑或地方政府出于政治晋升等考虑，为追求短期经济增长，选择将土地出让给规模大、产值高但效率低的企业？相关问题的回答将为理解我国土地偏向性政策带来的公平与效率问题提供新视角和新观察。

表 5-1　2007 年沿海县及其邻县的平均土地出让面积与出让价格

土地用途类型	每个县平均出让面积/公顷		每个县平均出让价格/（万元/公顷）	
	沿海县	邻县	沿海县	邻县
工业用地	55	43	176	182
商业用地	10	5	632	671
住宅用地	27	19	825	1043

数据来源：中国土地市场网（www.landchina.com）。

本章在受到收紧土地政策约束的东部省份内部选取沿海县作为实验组，将与其在地理位置、经济发展等条件上均较为接近，但没有海涂资源的邻县作为对照组，比较在 2003 年之后收紧的土地政策下实验组和对照组企业在全要素生产率变化上的差异，以考察偏向沿海县的土地政策对当地企业全要素生产率的影响及其作用机制。

第二节　理论假说

偏向沿海县的土地政策有利于缓解沿海地区的耕地占补平衡及建设用地指标紧张的局面，那么，沿海县通过围填海新增土地后究竟会如何分配土地，其对当地不同类型企业生产率的影响及作用机制又如何？在具体的实证检验之前，本节先根据相关理论做出一些探讨。

（1）偏向沿海县的土地政策可能对处于不同成长阶段的企业生产率产生异质性影响。沿海县围填海造地后会增加土地供应并降低用地成本，对新设企业而言，这意味着进入门槛的下降，使得生产率不高的企业进入沿海县得以存活。对面临衰退的企业而言，更低价格的用地成本会使低生产率企业不容易退出。对在位企业而言，如果其周边的新进入企业和退出企业均因用地成本下降得以以较低生产率存活，那么在位企业可能也就没有动力进行转型升级，提高自身生产率。此外，在位企业同样有机会获得更多低价土地，这有可能促使其加大研发投入，扩大规模生产，更好地实现自身发展，但也有可能获得土地后只是粗放式地发展。因此，提出假说1。

假说1：土地偏向性政策可能对沿海县新设、退出企业的生产率产生负面影响，但对在位企业生产率的影响方向不确定。

（2）偏向沿海县的土地政策可能对不同行业企业生产率产生异质性影响。各行业的生产特征迥异，需要的要素投入也存在差异。劳动密集型行业主要凭借大量劳动力，资本密集型行业要求资本投入较高，技术密集型行业依赖于先进的科学技术，而土地密集型行业则高度依赖土地投入。相比于邻县，沿海县在劳动、资本、技术方面没有特别的差异，但沿海县在围填海造地后拥有相对宽裕的土地。受过去高强度土地开发及国家严格的耕地保护制度影响，人多地少、经济发达的东部沿海省份正面临越来越贫乏的工业用地资源，这使得土地可获得性与土地成本在诱发企业转移中起到关键作用。因此，沿海县围填海造地后会在吸引土地密集型企业上有更大的优势，故提出假说2。

假说2：土地偏向性政策可能对沿海县土地密集型企业生产率产生更大的影响。

（3）土地偏向性政策的影响机制。首先，笔者认为沿海县围填海新增土地后会吸引更多土地密集型企业。这是因为，沿海县濒临大海，位于陆路交通末端，远离地级以上城市中心，除个别具有港口航海优势外，总体处于发展劣势。但沿海县通过围填海造地后有相对宽裕的建设用地供给，可以吸引那些用地需求大的企业入驻。更何况，在当时 GDP 政绩考核的强大激励下，地方官员在土地资源分配中会更多考虑能显著拉动本地经济增长的企业。土地密集型企业往往具有规模大、产值大的特征，自然成为地方政府招商引资的首选。

其次，沿海县官员会考虑招商引资符合国家或地方产业政策的企业。受中央政府经济增长与结构转型的绩效考核影响，地方政府有强烈的动机跟随中央的政策取向制定本地的产业政策，借助中央的产业发展支持，促进当地产业的转型升级与发展（宋凌云和王贤彬，2013；吴意云和朱希伟，2015）。此外，有关围填海造地的相关文件，如《国土资源部、国家海洋局关于加强围填海造地管理有关问题的通知》（国土资发〔2010〕219号），亦指出："围填海形成的土地，优先保障基础设施、民生建设等重点项目及其他符合国家产业政策、供地政策的建设项目，科学引导开发活动。"因此，不管出于迎合中央政府的产业规划动机，还是为更好地推动地区经济增长和结构转型，抑或为了更容易通过围填海造地的审批，沿海县政府都有动力将土地向国家或地方产业政策引导发展的行业倾斜。张莉、朱光顺和李夏洋等（2017）研究亦表明，地方政府会优先将大面积工业用地提供给符合中央或地方产业政策导向的企业，之后再供地给其他类型企业。

最后，沿海县由于吸引了更多土地密集型企业及符合国家或地方产业政策的企业，其用于吸引具有本地比较优势企业发展的土地势必减少。例如，陈钊和熊瑞祥（2015）研究发现，地方政府往往一窝蜂地发展所谓的高新技术产业，而偏离自身的比较优势，其直接后果是企业生产率低下与产能过剩。综上，关于偏向沿海县的土地政策对企业生产率的影响机制，提出假说3。

假说3：土地偏向性政策使得沿海县吸引更多土地密集型企业及符合国家或地方产业政策的企业，而非具有本地比较优势的企业。

第三节　实证检验

一、实证方法与样本选择

要研究偏向沿海县的土地政策对当地企业全要素生产率的影响，需要比较沿海县企业在得到大量围填海土地前后两个时间段的全要素生产率变化。由于影响企业全要素生产率的因素有很多，例如，国家的货币政策、财政政策、产业政策或企业自身的研发投入、转型升级等都会影响企业的全要素生产率。因此，仅仅依据沿海县企业得到大量围填海土地后全要素生产率变化来判断增加土地供应是否有益于企业发展是有片面性的。有必要通过将不受围填海影响，同时与沿海县企业有相似特征的企业作为对照组，利用双重差分方法评估偏向沿海县的土地政策对企业全要素生产率的影响。本章选取东部省份沿海县企业[①]作为实验组，选取沿海县的邻县企业作为对照组。这两组企业在地理位置、资源条件等未观察因素上较为接近，且同属于东部省份，在 2003—2004 年后均受到收紧的土地政策的影响。不同的是，面对同样的土地收紧政策后，沿海县可以通过围填海造地增加土地供应，但其邻县不可以。此外，虽然国家允许省内进行建设用地指标调剂，但笔者通过对浙江省的调研，发现沿海县通过围填海获得的土地基本上都用于本地开发利用，而不是将围垦土地置换给其他地区。所以，沿海县通过围垦增加的土地主要影响当地企业的发展。

---

① 东部省份包括北京市、天津市、河北省、上海市、江苏省、浙江省、福建省、山东省、广东省、海南省，不包括辽宁省，原因在于辽宁省自 2004 年开始受到"振兴东北老工业基地"战略的影响，且参照陆铭等（2015）的计算，辽宁省在东部与中西部交界线以东城市的土地出让占比在 2004—2010 年期间反而比 2001—2003 年期间更高，说明辽宁省 2003 年之后未受到土地供应收紧的影响。此外，在陆铭等（2015）的研究中，河北省由于在地理、经济条件上与中部地区更接近，且是东部省份中唯一的人口流出地，因而同辽宁省一样从东部省份中剔除，但笔者通过计算发现河北省在东部与中西部交界线以东城市的土地出让占比在 2004—2010 年期间比 2001—2003 年期间显著降低，说明河北省 2003 年之后还是面临收紧的土地供应，所以本章未将河北省剔除。

二、数据来源及处理

本章使用的主要数据来自国家统计局 2007—2012 年中国工业企业数据库。借鉴 Brandt，Van Biesebroeck & Zhang（2012）的做法，首先，利用法人代码、企业名称、地区代码（县）、法人代表姓名、电话号码、成立年份等信息对企业进行样本匹配，构建面板数据；其次，对企业的县级行政区划码、开业年进行归一处理以保证同一企业在所有年份只有唯一的县级行政区划码及开业年，对确实存在行政区划码变更的企业予以剔除，同时将行码调整至《国民经济行业分类》（GB/T4754—2002）。具体而言：①我国的行政区划每年都会有所变更，这使得工业企业数据库中同一家企业在不同年份填写的行政区划码不尽相同。根据历年《中华人民共和国行政区划代码》（GB/T 2260）中的行政区划代码变更对照表及企业的详细地址等信息，将所有企业的县域行政区划码统一到 GB/T 2260—2013 年版的行政区划码。②对同一企业代码有多个开业年份记录的企业，优先取出现次数最多的开业年为企业的成立时间；对不能使用开业年出现次数最多原则的样本，取第一次出现的开业年作为企业的成立年份；若使用出现次数最多原则和第一次出现原则后确定的企业开业年大于企业进入工业企业数据库的第一年，则把开业年定义为缺失。③《国民经济行业分类》在 2002年及 2011 年进行了两次修订，存在部分行业的四位数代码发生变更的情况。对此，参照 Brandt，Van Biesebroeck & Zhang（2012）的方法将行码统一调整至《国民经济行业分类》（GB/T4754—2002）的统计口径。再次，剔除企业固定资产原价、工业增加值、职工人数、工业总产值、中间品投入、实收资本等关键变量缺失或非正数，销售额缺失或小于 500 万元的观测值。为了消除异常值的影响，进一步对固定资产原价、工业增加值、职工人数、工业总产值均按照双边各剔除 1% 的方式进行缩尾处理。最后，用 OP 方法测算 1998—2007 年间企业的全要素生产率。测算过程中用到的实际工业增加值由 1998 年为基准的分行业工业品出厂价格指数平减工业增加值得到，实际资本采用 Brandt，Van Biesebroeck & Zhang（2012）方法计算得到，实际投资用 Brandt，Van Biesebroeck & Zhang（2012）研究中 Brandt-Rawski deflator 指数平减企业相邻两年固定资产原值的差额得到（简泽等，2014）。

图 5-2 给出了 1998—2007 年间沿海县及其邻县企业历年的全要素生产率简单平均值。① 可以看到，在 2004 年之前，实验组与对照组的全要素生产率均值基本相等，满足平行趋势假设，表明下文采用双重差分法是适当的。

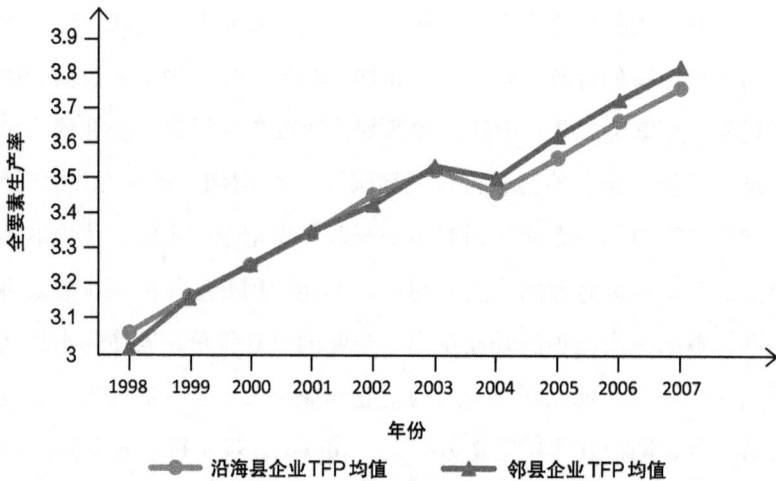

图 5-2 沿海县及其邻县企业全要素生产率均值（1998—2007 年）

---

① 由于 2004 年是普查年份，这一年样本中的企业数远多于 2003 年，也多于 2005 年。样本数量的异常变化可能会导致本章对 2004 年和 2005 年企业全要素生产率的估计有一定的偏误。

三、实证模型与回归结果

1. 基本模型

基本 OLS 回归模型设定如下：

$$TFP_{cjit} = \alpha_c + \beta_j + \delta_t + \mu \cdot Policy_{it} + \theta \cdot Coastal_c + \lambda \cdot Policy_{it} \cdot Coastal_c$$
$$+\rho \cdot X + \xi_{cjit} \qquad (5\text{-}1) ①$$

其中，TFP_{cjit} 表示 c 县（市）区两位数行业 j 的企业 i 在第 t 年的全要素生产率，α_c 为县域固定效应，β_j 为行业固定效应，δ_t 为年份固定效应。$Policy_{it}$ 代表偏向沿海县的土地政策，2004 年之前的年份取值为 0，2004 年及之后的年份取值为 1。$Coastal_c$ 代表沿海县围填海的潜力或强度，分别采用以下三个指标进行度量：企业所在县域是否沿海（Coastal），沿海取 1，否则为 0；海岸线长度（Coastline），选择对数形式；1990 年的滩涂总面积（Mudflat），选择对数形式。② 其中，县域的海岸线数据来自县域年鉴及百度搜索；1990 年的滩涂总面积及未利用面积来自《全国沿海滩涂农业资源综合开发利用规划研究》一书。《全国沿海滩涂农业资源综合开发利用规划研究》将全国沿海滩涂划分为 10 个利用区，并给出了 10 个沿海滩涂利用区在 1990 年时的滩涂总面积、已利用面积与未利用面积。根据沿海县的海岸线长度可以折算出每个沿海县 1990 年的滩涂总面积和未利用面积，代表沿海县在 1990 年后海涂围垦的潜力和强度。本章同时还控制了 $Policy_{it}$ 和 $Coastal_c$ 的交互项。系数 λ 衡量的是沿海县企业在围填海造地前后生产率的平均变化，是本章最关心的结果。X 表示企业其他控制变量，包括是否出口（Export），企业出口取 1，反之取 0；企业年龄（Age），选择对数形式；所有制性质（State-owned），国有企业取 1，非国有企业取

---

① 需要注意的是，$Coastal_c$ 对同一县域来说是不随时间而改变的，所以在后文的回归中如果控制了县域固定效应，那么 $Coastal_c$ 这项会被县域层面的固定效应吸收。

② 由于每个沿海县准确的海岸线、滩涂面积数据难以获得，后文中除表 5-2 之外的基准回归结果均用是否沿海代表沿海县围填海的潜力或强度。

0；是否为中型企业（Medium-scale），是否为大型企业（Large-scale）。为避免企业规模与其生产率之间可能存在双向因果关系，用企业第一年的销售额度量其规模。本章根据《统计上大中小型企业划分办法（暂行）》（国统字〔2003〕17 号）的规定，将第一年销售额介于 3000 万—30000 万元的企业界定为中型企业，销售额 30000 万元及以上的企业界定为大型企业。

表 5-2 汇报了偏向沿海县的土地政策对工业企业全要素生产率的平均影响。第（1）—（3）列中沿海县围填海造地的潜力或强度 $Coastal_c$ 分别用是否沿海、海岸线长度、1990 年的滩涂总面积进行度量。结果表明，不论用何种指标度量沿海县围填海的强度，本章最为关注的交叉项系数（λ）显著为负；也就是说，平均来看沿海县通过大规模围填海造地反而使得当地企业的全要素生产率比其邻县增长得慢。在控制变量中，是否出口与企业的全要素生产率呈负相关关系，说明出口企业的生产率低于内销企业，存在"出口企业生产率悖论"，其背后可能的原因有中国出口企业以加工贸易为主（戴觅、余淼杰和 Madhura Maitra，2014），出口产业以劳动密集型为主（Lu 等，2010），中国存在严重的市场分割（朱希伟、金祥荣和罗德明，2005）。年龄大的企业及国有企业具有较低的全要素生产率水平。此外，企业的全要素生产率随企业规模增大而提高。

表 5-2　土地偏向性政策对企业全要素生产率的总体影响

围填海造地的 不同度量	是否沿海	海岸线长度	滩涂总面积 （1990 年）
	(1)	(2)	(3)
被解释变量	TFP	TFP	TFP
Policy	0.7786***	0.7732***	0.7644***
	(0.0050)	(0.0048)	(0.0048)
Policy × Coastal	−0.0492***	—	—
	(0.0037)	—	—
Policy × Coastline	—	−0.0104***	—
	—	(0.0009)	—
Policy × Mudflat	—	—	−0.0103***

围填海造地的 不同度量	是否沿海	海岸线长度	滩涂总面积 （1990 年）
	(1)	(2)	(3)
被解释变量	TFP	TFP	TFP
	—	—	(0.0012)
Export	−0.0596***	−0.0596***	−0.0596***
	(0.0020)	(0.0020)	(0.0020)
Age	−0.0587***	−0.0588***	−0.0589***
	(0.0013)	(0.0013)	(0.0013)
State-owned	−0.3990***	−0.3993***	−0.4001***
	(0.0059)	(0.0059)	(0.0059)
Medium-scale	0.4500***	0.4501***	0.4501***
	(0.0024)	(0.0024)	(0.0024)
Large-scale	0.9397***	0.9398***	0.9398***
	(0.0131)	(0.0131)	(0.0131)
Constant	3.1628***	3.1626***	3.1626***
	(0.0070)	(0.0070)	(0.0070)
Industry FE	Yes	Yes	Yes
Year FE	Yes	Yes	Yes
County FE	Yes	Yes	Yes
N	739, 574	739, 574	739, 574
Adjusted R^2	0.213	0.213	0.213

注：括号内为稳健标准误，***、**、*分别表示 1%、5%、10% 水平上显著。

2. 土地偏向性政策对进入、在位、退出企业全要素生产率的影响

相比于没有海涂资源的邻县，沿海县在土地供应收紧的背景下通过大量围填海造地，总体上对企业的全要素生产率产生了显著的负面效应。那么，这种负面效应是否对不同类型的企业存在差异？本章将企业划分为新设企业、在位企业、退出企业、年轻企业与成熟企业五种类型，进而考察偏向沿海县的土地政策对异质性企业的影响。新进入工业企业数据库且进入当年距企业开业年不超过 3 年的企业在进入当年被定义为新设企业；将某一年在工业企业数据库中消失且之后年份不再出现的企业定义为退出企业；剔除新设企业与退出企业后的剩余企业定义为在位企业；如果一家企

业被识别为新设企业，那么该企业在进入年份至 2007 年都被标记为年轻企业；全样本企业剔除年轻企业后的剩余企业被界定为成熟企业。

表 5-3 显示了偏向沿海县的土地政策对各类企业全要素生产率的影响。结果表明，相对于邻县企业，沿海县各类企业的全要素生产率在 2003 年之后均出现增速放缓。其背后的原因是，沿海县通过围填海造地获得大量建设用地后降低了新设企业的进入门槛，并使低效率企业不容易退出。一方面，沿海县新设企业的全要素生产率在后续发展中增长缓慢；另一方面，低进入门槛和退出困难在一定程度上也阻碍了沿海县在位企业与成熟企业的全要素生产率增长。

表 5-3　土地偏向性政策对进入、在位、退出企业全要素生产率的影响

回归样本	全样本	新设企业	在位企业	退出企业	年轻企业	成熟企业
	(1)	(2)	(3)	(4)	(5)	(6)
被解释变量	TFP	TFP	TFP	TFP	TFP	TFP
Policy	0.7786***	0.5174***	0.7923***	0.7630***	0.6280***	0.7919***
	(0.0050)	(0.0147)	(0.0056)	(0.0149)	(0.0115)	(0.0058)
Policy × Coastal	−0.0492***	−0.0470***	−0.0439***	−0.0504***	−0.0400***	−0.0480***
	(0.0037)	(0.0120)	(0.0041)	(0.0118)	(0.0068)	(0.0045)
Export	−0.0596***	−0.1161***	−0.0577***	−0.0957***	−0.0435***	−0.0749***
	(0.0020)	(0.0065)	(0.0021)	(0.0066)	(0.0034)	(0.0024)
Age	−0.0587***	0.1566***	−0.1150***	−0.1327***	0.1148***	−0.1440***
	(0.0013)	(0.0072)	(0.0016)	(0.0040)	(0.0030)	(0.0020)
State-owned	−0.3990***	−0.3380***	−0.3310***	−0.4611***	−0.3097***	−0.3493***
	(0.0059)	(0.0332)	(0.0063)	(0.0162)	(0.0172)	(0.0063)
Medium-scale	0.4500***	0.6908***	0.4275***	0.4342***	0.4759***	0.4448***
	(0.0024)	(0.0080)	(0.0025)	(0.0086)	(0.0041)	(0.0029)
Large-scale	0.9397***	1.3284***	0.8855***	1.0290***	1.0164***	0.9263***
	(0.0131)	(0.0395)	(0.0148)	(0.0332)	(0.0251)	(0.0153)
Constant	3.1628***	2.9331***	3.3061***	3.2403***	3.0169***	3.3497***
	(0.0070)	(0.0188)	(0.0082)	(0.0203)	(0.0132)	(0.0090)
Industry FE	Yes	Yes	Yes	Yes	Yes	Yes
Year FE	Yes	Yes	Yes	Yes	Yes	Yes

回归样本	全样本	新设企业	在位企业	退出企业	年轻企业	成熟企业
	(1)	(2)	(3)	(4)	(5)	(6)
被解释变量	TFP	TFP	TFP	TFP	TFP	TFP
County FE	Yes	Yes	Yes	Yes	Yes	Yes
N	739574	76152	584714	88613	260416	479158
Adjusted R^2	0.213	0.217	0.226	0.217	0.202	0.227

注:括号内为稳健标准误,***、**、*分别表示 1%、5%、10% 水平上显著。

3. 土地偏向性政策对土地密集型行业的影响

对地方政府而言,用地指标是其招商引资的基础。充裕的用地指标有助于地方政府吸引土地需求较大的企业从其他土地指标紧张的县转移到本县(郑新业等,2011)。因此,沿海县通过围填海获得新增用地指标会对土地密集型行业产生较大影响。笔者根据中国土地市场网 2007—2016 年每一宗土地出让信息,在两位数行业层面计算了以平均土地出让面积为依据的各行业对土地的依赖程度,以检验沿海县在土地供应收紧的背景下通过围填海增加土地供应对土地密集型企业全要素生产率的影响。表 5-4 给出了土地依赖程度前 50% 的行业中各类企业受到的影响。[①] 结果表明,偏向沿海县的土地政策对沿海县土地密集型企业的全要素生产率产生显著的负面影响。

表 5-4 土地偏向性政策对土地密集型行业的影响

回归样本	全样本	新设企业	在位企业	退出企业	年轻企业	成熟企业
	(1)	(2)	(3)	(4)	(5)	(6)
被解释变量	TFP	TFP	TFP	TFP	TFP	TFP
Policy	0.8276***	0.5287***	0.8400***	0.8166***	0.6586***	0.8415***
	(0.0080)	(0.0252)	(0.0089)	(0.0248)	(0.0193)	(0.0092)
Policy × Coastal	−0.0495***	−0.0450**	−0.0428***	−0.0434**	−0.0432***	−0.0462***
	(0.0061)	(0.0208)	(0.0067)	(0.0197)	(0.0116)	(0.0073)
Export	−0.0722***	−0.1769***	−0.0680***	−0.0967***	−0.0706***	−0.0811***

① 笔者考察发现,土地依赖程度前25%的行业中各类企业受到的影响与土地依赖程度前50%的行业基本相同。

续表

回归样本	全样本	新设企业	在位企业	退出企业	年轻企业	成熟企业
	(1)	(2)	(3)	(4)	(5)	(6)
被解释变量	TFP	TFP	TFP	TFP	TFP	TFP
	(0.0034)	(0.0121)	(0.0036)	(0.0120)	(0.0060)	(0.0041)
Age	−0.0600***	0.1738***	−0.1193***	−0.1337***	0.1338***	−0.1489***
	(0.0021)	(0.0125)	(0.0026)	(0.0066)	(0.0052)	(0.0033)
State-owned	−0.3884***	−0.2847***	−0.3170***	−0.4741***	−0.3036***	−0.3320***
	(0.0083)	(0.0495)	(0.0088)	(0.0240)	(0.0246)	(0.0089)
Medium-scale	0.4840***	0.7315***	0.4612***	0.4641***	0.5193***	0.4771***
	(0.0037)	(0.0126)	(0.0040)	(0.0136)	(0.0066)	(0.0046)
Large-scale	0.9547***	1.3881***	0.9073***	0.9885***	1.0982***	0.9144***
	(0.0170)	(0.0481)	(0.0194)	(0.0422)	(0.0311)	(0.0202)
Constant	3.0619***	2.8199***	3.2257***	3.1030***	2.8830***	3.2786***
	(0.0131)	(0.0406)	(0.0148)	(0.0388)	(0.0249)	(0.0165)
Industry FE	Yes	Yes	Yes	Yes	Yes	Yes
Year FE	Yes	Yes	Yes	Yes	Yes	Yes
County FE	Yes	Yes	Yes	Yes	Yes	Yes
N	293, 282	29, 344	233, 022	34, 763	99, 537	193, 745
Adjusted R^2	0.222	0.233	0.234	0.230	0.210	0.237

注:括号内为稳健标准误,***、**、*分别表示 1%、5%、10% 水平上显著。

表 5-4 仅给出了土地偏向性政策对土地密集型企业的影响,但相对于非土地密集型企业,土地偏向性政策究竟是否更多地影响了土地密集型企业尚不清楚。对此,使用三重差分法进行进一步考察。之前的双重差分法估计的是相比于邻县企业,沿海县企业生产率在围填海造地前后的变动差异。考虑到围填海造地主要是增加土地供给,其对不同土地依赖度的企业将产生不同的影响。对此,使用三重差分法可以较好地度量沿海县内部土地密集型企业的效率相比于非土地密集型企业在围填海造地前后的变动差异。

具体而言，在公式（5-1）的基础上引入了行业平均土地出让面积（$Land_j$）作为各行业对土地依赖程度的度量。同时引入 $Policy_{it}$、$Coastal_c$ 和 $Land_j$ 三者的交互项 $Policy_{it} \cdot Coastal_c \cdot Land_j$，用于考察围填海造地对沿海县内部土地密集型企业与非土地密集型企业全要素生产率的影响。构造的三重差分模型如公式（5-2）所示：

$$TFP_{cijt} = \alpha_c + \beta_j + \delta_t + \mu \cdot Policy_{it} + \theta \cdot Coastal_c + \omega \cdot Land_j + \lambda \cdot Policy_{it} \cdot Coastal_c + \kappa \cdot Policy_{it} \cdot Land_j + \tau \cdot Coastal_c \cdot Land_j + \eta \cdot Policy_{it} \cdot Coastal_c \cdot Land_j + \rho \cdot X + \xi_{cijt} \tag{5-2}$$

表5-5报告了基于公式（5-2）的各类企业回归结果。不难发现，新设企业和年轻企业组的"围填海造地""是否沿海""行业平均土地出让面积"三者交互项系数显著为负，表明相对于沿海县内非土地密集型企业，围填海造地主要恶化了沿海县土地密集型新设企业和年轻企业的全要素生产率。

表5-5 土地偏向性政策对土地密集型行业影响的再考察

回归样本	全样本	新设企业	在位企业	退出企业	年轻企业	成熟企业
	(1)	(2)	(3)	(4)	(5)	(6)
被解释变量	TFP	TFP	TFP	TFP	TFP	TFP
Policy	0.7785***	0.5571***	0.8060***	0.7603***	0.6498***	0.8494***
	(0.0088)	(0.0209)	(0.0103)	(0.0259)	(0.0127)	(0.0129)
Land	0.4280***	−0.0030	0.5464***	0.1324*	0.3450***	0.4478***
	(0.0253)	(0.0605)	(0.0290)	(0.0750)	(0.0330)	(0.0390)
Policy × Land	0.00003	−0.0025	0.0011	0.0008	0.0017	−0.0011
	(0.0020)	(0.0050)	(0.0023)	(0.0057)	(0.0028)	(0.0029)
Policy × Coastal	−0.0534***	0.0090	−0.0537***	−0.0662**	−0.0034	−0.0978***
	(0.0099)	(0.0245)	(0.0113)	(0.0301)	(0.0138)	(0.0148)
Coastal × Land	0.0053***	0.0152***	0.0032	0.0084	0.0102***	0.0007
	(0.0020)	(0.0050)	(0.0022)	(0.0057)	(0.0030)	(0.0026)
Coastal × Policy × Land	0.0012	−0.0150**	0.0029	0.0044	−0.0079**	0.0104***
	(0.0026)	(0.0064)	(0.0029)	(0.0078)	(0.0036)	(0.0037)
Export	−0.0595***	−0.1225***	−0.0550***	−0.0956***	−0.0567***	−0.0760***
	(0.0020)	(0.0051)	(0.0022)	(0.0066)	(0.0026)	(0.0030)
Age	−0.0587***	0.1003***	−0.1238***	−0.1327***	0.0689***	−0.2006***

续表

回归样本	全样本	新设企业	在位企业	退出企业	年轻企业	成熟企业
	(1)	(2)	(3)	(4)	(5)	(6)
被解释变量	TFP	TFP	TFP	TFP	TFP	TFP
	(0.0013)	(0.0047)	(0.0017)	(0.0040)	(0.0023)	(0.0028)
State-owned	−0.3987***	−0.2896***	−0.3260***	−0.4608***	−0.2625***	−0.3200***
	(0.0059)	(0.0252)	(0.0063)	(0.0162)	(0.0129)	(0.0067)
Medium-scale	0.4500***	0.6682***	0.4163***	0.4343***	0.4640***	0.4463***
	(0.0024)	(0.0063)	(0.0026)	(0.0086)	(0.0032)	(0.0035)
Large-scale	0.9399***	1.3030***	0.8546***	1.0295***	0.9981***	0.9135***
	(0.0131)	(0.0310)	(0.0154)	(0.0332)	(0.0189)	(0.0180)
Constant	1.9955***	2.9296***	1.8379***	2.8706***	2.0783***	2.2767***
	(0.0651)	(0.1556)	(0.0747)	(0.1937)	(0.0848)	(0.1004)
Industry FE	Yes	Yes	Yes	Yes	Yes	Yes
Year FE	Yes	Yes	Yes	Yes	Yes	Yes
County FE	Yes	Yes	Yes	Yes	Yes	Yes
N	739, 574	119, 714	547, 759	88, 613	417, 980	321, 594
Adjusted R^2	0.213	0.213	0.229	0.217	0.199	0.241

注:括号内为稳健标准误,***、**、*分别表示 1%、5%、10% 水平上显著。

4. 土地偏向性政策的逐年效应

前面的回归结果表明,2003 年东部地区土地供应收紧之后,沿海县通过围填海增加土地供应反而恶化了当地企业的全要素生产率。进一步地,这种负面效应是否逐年递减,抑或有其他影响?为此,将公式(5-1)中的交叉项分解为政策后的 4 个年份虚拟变量(T_{200i},$i = 4$,5,6,7)分别与沿海县围填海造地的潜力或强度 $Coastal_c$ 相交互,得到表 5-6 所示的回归结果。可以看到,偏向沿海县的土地政策对各类企业全要素生产率均带来较为持续的负面影响,这种影响在政策后的第二或第三年达到最大,在第四年有所减弱。

表 5-6　土地偏向性政策的逐年效应

回归样本	全样本	新设企业	在位企业	退出企业	年轻企业	成熟企业
	(1)	(2)	(3)	(4)	(5)	(6)
被解释变量	TFP	TFP	TFP	TFP	TFP	TFP
Policy	0.7801***	0.4968***	0.7912***	0.7764***	0.6284***	0.7894***
	(0.0055)	(0.0173)	(0.0062)	(0.0168)	(0.0120)	(0.0067)
Coastal × T_{2004}	−0.0335***	−0.0586***	−0.0313***	−0.0079	−0.0372***	−0.0318***
	(0.0057)	(0.0145)	(0.0066)	(0.0169)	(0.0098)	(0.0070)
Coastal × T_{2005}	−0.0544***	−0.0836***	−0.0493***	−0.0429**	−0.0409***	−0.0588***
	(0.0056)	(0.0208)	(0.0061)	(0.0190)	(0.0094)	(0.0071)
Coastal × T_{2006}	−0.0569***	−0.0222	−0.0508***	−0.0866***	−0.0412***	−0.0586***
	(0.0054)	(0.0186)	(0.0058)	(0.0191)	(0.0089)	(0.0069)
Coastal × T_{2007}	−0.0515***	−0.0145	−0.0423***	−0.0726***	−0.0406***	−0.0441***
	(0.0053)	(0.0187)	(0.0058)	(0.0170)	(0.0088)	(0.0068)
Export	−0.0596***	−0.1161***	−0.0576***	−0.0958***	−0.0435***	−0.0749***
	(0.0020)	(0.0065)	(0.0021)	(0.0066)	(0.0034)	(0.0024)
Age	−0.0587***	0.1570***	−0.1149***	−0.1330***	0.1148***	−0.1440***
	(0.0013)	(0.0072)	(0.0016)	(0.0040)	(0.0030)	(0.0020)
State-owned	−0.3989***	−0.3381***	−0.3310***	−0.4606***	−0.3097***	−0.3492***
	(0.0059)	(0.0332)	(0.0063)	(0.0162)	(0.0172)	(0.0063)
Medium-scale	0.4500***	0.6911***	0.4275***	0.4340***	0.4759***	0.4448***
	(0.0024)	(0.0079)	(0.0025)	(0.0086)	(0.0041)	(0.0029)
Large-scale	0.9396***	1.3289***	0.8854***	1.0284***	1.0164***	0.9262***
	(0.0131)	(0.0395)	(0.0148)	(0.0332)	(0.0251)	(0.0153)
Constant	3.1629***	2.9329***	3.3061***	3.2411***	3.0169***	3.3498***
	(0.0070)	(0.0188)	(0.0082)	(0.0203)	(0.0132)	(0.0090)
Industry FE	Yes	Yes	Yes	Yes	Yes	Yes
Year FE	Yes	Yes	Yes	Yes	Yes	Yes
County FE	Yes	Yes	Yes	Yes	Yes	Yes
N	739574	76152	584714	88613	260416	479158
Adjusted R^2	0.213	0.217	0.226	0.217	0.202	0.227

注：括号内为稳健标准误，***、**、*分别表示 1%、5%、10% 水平上显著。

第四节　机制分析

实证检验结果表明偏向沿海县的土地政策使得沿海县企业全要素生产率较邻县企业增长缓慢，尤其是新进入企业及土地密集型行业。那么，导致沿海县企业全要素生产率增长放缓的内在机制是什么？换言之，沿海县通过大规模围填海获得建设用地指标后，地方政府如何通过配置土地资源对企业生产率产生影响？根据前面理论假说 3 的分析，笔者认为偏向沿海县的土地政策对当地企业全要素生产率增长带来负面影响的可能原因是沿海县通过围填海造地吸引了更多土地密集型企业及符合国家或地方产业政策的企业，而非具有本地比较优势的企业。

下面构建如下计量模型对理论假说 3 进行检验：

$$Entry\_Num_{cjt} = \gamma_a + \beta_j + \delta_t + \mu \cdot Policy_{it} + \theta \cdot Coastal_c + \lambda \cdot Policy_{it} \cdot$$

$$Coastal_c + \rho \cdot X + \xi_{cjit} \tag{5-3}$$

其中，$Enter\_Num_{cjt}$ 表示第 t 年 c 县（市）区行业 j 的新设企业数。根据前面的机制分析，分别考察土地密集型行业（土地依赖程度前 50% 的行业）、非土地密集型行业（土地依赖程度后 50% 的行业）、国家"十一五"及"十二五"规划重点发展的行业[①]及每个县具有比较优势的前 5 大行业。借鉴陈钊和熊瑞祥（2015）的做法，以行业就业份额计算的区位熵来度量其比较优势；若某行业区位熵大于 1，则就认为该行业在当地具有比较优势，否则就没有比较优势。γ_a 表示城市固定效应，λ 为主要关注的待估计

[①]宋凌云和王贤彬（2013），吴意云和朱希伟（2015）的研究均表明各省相关政策与国家五年规划的重点产业政策重叠较高，故笔者使用国家五年规划的重点产业度量国家和地方的重点产业。关于国家五年规划中重点产业的确定，按照吴意云和朱希伟（2015）的做法，凡在中央政府的"十一五"规划、"十二五"规划纲要全文中被冠以"支柱产业"或用"做大做强"等提法的行业被划入国家重点行业。本章回归中用到的国家重点行业均指两位数行业层面。

参数，预期在土地密集型行业及国家五年规划重点发展行业的回归中 λ 为正，在每个县具有比较优势行业的回归中 λ 为负。X 为控制变量，包括滞后一期的县—行业（两位数）层面的出口总额对数（Total_export）、滞后一期的县—行业（两位数）层面国有企业总资产占全部企业总资产的比例（Asset_ratio）、行业固定效应、县域固定效应及年份固定效应。

从表 5-7 的回归结果看，*Policy* 与 *Coastal* 的交叉项系数在土地密集型行业及国家产业政策扶持行业组显著为正，表明沿海县相比于邻县，在 2003 年后吸引了更多土地密集型与符合国家产业政策的行业。然而对非土地密集型行业及具有本地比较优势的行业方面，土地收紧政策与是否沿海的交叉项系数却不显著，表明沿海县在围填海造地后没有比邻县吸引更多的非土地密集型行业和具有本地比较优势的行业。回归结果验证了理论假说。众多研究表明，只有将有限的资源配置到符合本地比较优势的产业，才能够最大程度促进经济持续发展（Lin，2012；陈钊和熊瑞祥，2015；李力行和申广军，2015；林毅夫，2017）。因此，在 2003 年中央收紧东部地区土地供应后，沿海县将围填海得到的土地更多地分配给土地密集型行业及国家产业政策导向行业，而不是当地具有比较优势的行业，这种背离本地优势的招商引资倾向很可能是导致沿海县企业全要素生产率增长放慢的一个重要原因。

表 5-7　土地偏向性政策对沿海县吸引新进入企业的影响

回归样本	土地密集型行业	非土地密集型行业	国家重点行业	比较优势行业
	(1)	(2)	(3)	(4)
被解释变量	Enter_num	Enter_num	Enter_num	Enter_num
Policy	1.2665***	1.4997***	1.4059***	4.3171***
	(0.2180)	(0.2118)	(0.1613)	(0.4174)
Policy × Coastal	0.4082**	0.2845	0.3409**	0.3084
	(0.2030)	(0.2195)	(0.1628)	(0.3896)
L.Total_export	0.1033***	0.2426***	0.1809***	0.0422**
	(0.0083)	(0.0119)	(0.0079)	(0.0201)
L.Asset_ratio	0.0837	−0.2991	−0.2162*	0.0590
	(0.1487)	(0.2195)	(0.1295)	(0.3299)

续表

回归样本	土地密集型行业	非土地密集型行业	国家重点行业	比较优势行业
	(1)	(2)	(3)	(4)
被解释变量	Enter_num	Enter_num	Enter_num	Enter_num
Constant	−0.6362***	−0.8171***	−0.1531	0.8323**
	(0.2256)	(0.2064)	(0.1658)	(0.4094)
Industry FE	Yes	Yes	Yes	Yes
Year FE	Yes	Yes	Yes	Yes
County FE	Yes	Yes	Yes	Yes
N	8, 900	11, 767	18, 300	6, 780
Adjusted R^2	0.172	0.194	0.175	0.307

注:括号内为稳健标准误,***、**、*分别表示 1%、5%、10% 水平上显著。

第五节　稳健性分析

一、剔除全要素生产率度量误差

前述回归中得到沿海县通过大量围填海增加土地供应对企业全要素生产率产生负面影响的结果可能受到企业全要素生产率度量误差（Measurement Error）的影响。为此，对全要素生产率进行逐年前后 5% 删尾后进行重新回归。表 5-8 与表 5-3 各列的"土地收紧政策"与"是否沿海"交叉项回归系数十分接近，其他控制变量的回归系数符号与显著性也保持一致，这说明本章测算的企业全要素生产率是比较准确的，另外，即使考虑全要素生产率的度量误差，也不对回归结果造成较大的影响。

表 5-8　剔除全要素生产率度量误差

回归样本	全样本	新设企业	在位企业	退出企业	年轻企业	成熟企业
	(1)	(2)	(3)	(4)	(5)	(6)
被解释变量	TFP	TFP	TFP	TFP	TFP	TFP
Policy	0.7655***	0.6020***	0.7747***	0.7448***	0.6738***	0.7689***
	(0.0040)	(0.0118)	(0.0046)	(0.0118)	(0.0093)	(0.0047)

续表

回归样本	全样本	新设企业	在位企业	退出企业	年轻企业	成熟企业
	(1)	(2)	(3)	(4)	(5)	(6)
被解释变量	TFP	TFP	TFP	TFP	TFP	TFP
Policy × Coastal	−0.0449***	−0.0449***	−0.0419***	−0.0526***	−0.0371***	−0.0471***
	(0.0030)	(0.0096)	(0.0033)	(0.0092)	(0.0054)	(0.0037)
Export	−0.0183***	−0.0426***	−0.0199***	−0.0343***	−0.0039	−0.0320***
	(0.0016)	(0.0052)	(0.0017)	(0.0051)	(0.0027)	(0.0020)
Age	−0.0416***	0.0965***	−0.0811***	−0.0731***	0.0730***	−0.0935***
	(0.0010)	(0.0058)	(0.0013)	(0.0031)	(0.0024)	(0.0016)
State-owned	−0.2328***	−0.2076***	−0.2008***	−0.2417***	−0.1872***	−0.2037***
	(0.0045)	(0.0247)	(0.0049)	(0.0120)	(0.0129)	(0.0048)
Medium-scale	0.3234***	0.4609***	0.3143***	0.2972***	0.3319***	0.3259***
	(0.0018)	(0.0061)	(0.0020)	(0.0064)	(0.0032)	(0.0023)
Large-scale	0.6510***	0.8095***	0.6330***	0.7019***	0.6409***	0.6707***
	(0.0102)	(0.0290)	(0.0119)	(0.0249)	(0.0193)	(0.0119)
Constant	3.1140***	2.9775***	3.2130***	3.1308***	3.0229***	3.2255***
	(0.0056)	(0.0151)	(0.0066)	(0.0159)	(0.0106)	(0.0072)
Industry FE	Yes	Yes	Yes	Yes	Yes	Yes
Year FE	Yes	Yes	Yes	Yes	Yes	Yes
County FE	Yes	Yes	Yes	Yes	Yes	Yes
N	665, 606	67, 488	530, 285	76, 615	233, 890	431, 716
Adjusted R^2	0.215	0.202	0.225	0.212	0.198	0.225

注:括号内为稳健标准误,***、**、*分别表示 1%、5%、10% 水平上显著。

二、新设企业的重新定义

实证部分回归结果表明沿海县围填海新增土地对当地新设企业及年轻企业全要素生产率的负面影响尤其突出,特别是对土地密集型行业的新设企业及年轻企业。对上述结论可靠性的一种担忧是,新设企业及年轻企业的界定方式是否会影响本章的结论？为此，参照 Foster，Haltiwanger & Syverson（2016）的做法，将新设企业重新定义为新进入工业企业数据库且进入当年距企业开业年不超过 5 年的企业。退出企业的定义不变，剔除新设企业与退出企业后的剩余企业定义为在位企业。年轻企业和成熟企业的识别也根据新设企业的定义进行相应的调整。从表 5-9 的回归结果看，重新定义的新设企业及与之对应的其他各类企业回归系数符号与表 5-3 各列相同，进而排除了新设企业界定方式差异可能会影响回归结果的顾虑。

表 5-9　按五年定义新设企业

回归样本	全样本	新设企业	在位企业	退出企业	年轻企业	成熟企业
	(1)	(2)	(3)	(4)	(5)	(6)
被解释变量	TFP	TFP	TFP	TFP	TFP	TFP
Policy	0.7786***	0.5474***	0.8101***	0.7630***	0.6559***	0.8452***
	(0.0050)	(0.0108)	(0.0062)	(0.0149)	(0.0079)	(0.0069)
Policy × Coastal	−0.0492***	−0.0440***	−0.0435***	−0.0504***	−0.0317***	−0.0601***
	(0.0037)	(0.0093)	(0.0042)	(0.0118)	(0.0052)	(0.0055)
Export	−0.0596***	−0.1229***	−0.0550***	−0.0957***	−0.0569***	−0.0759***
	(0.0020)	(0.0051)	(0.0022)	(0.0066)	(0.0026)	(0.0030)
Age	−0.0587***	0.1004***	−0.1238***	−0.1327***	0.0689***	−0.2006***
	(0.0013)	(0.0047)	(0.0017)	(0.0040)	(0.0023)	(0.0028)
State-owned	−0.3990***	−0.2881***	−0.3265***	−0.4611***	−0.2621***	−0.3205***
	(0.0059)	(0.0252)	(0.0063)	(0.0162)	(0.0129)	(0.0067)
Medium-scale	0.4500***	0.6676***	0.4163***	0.4342***	0.4639***	0.4463***
	(0.0024)	(0.0063)	(0.0026)	(0.0086)	(0.0032)	(0.0035)
Large-scale	0.9397***	1.3007***	0.8545***	1.0290***	0.9978***	0.9131***
	(0.0131)	(0.0310)	(0.0154)	(0.0332)	(0.0189)	(0.0180)
Constant	3.1628***	2.9513***	3.3212***	3.2403***	3.0308***	3.4884***
	(0.0070)	(0.0152)	(0.0089)	(0.0203)	(0.0099)	(0.0116)
Industry FE	Yes	Yes	Yes	Yes	Yes	Yes
Year FE	Yes	Yes	Yes	Yes	Yes	Yes
County FE	Yes	Yes	Yes	Yes	Yes	Yes

续表

回归样本	全样本	新设企业	在位企业	退出企业	年轻企业	成熟企业
	(1)	(2)	(3)	(4)	(5)	(6)
被解释变量	TFP	TFP	TFP	TFP	TFP	TFP
N	739574	119714	547759	88613	417980	321594
Adjusted R^2	0.213	0.213	0.229	0.217	0.199	0.241

注:括号内为稳健标准误,***、**、*分别表示 1%、5%、10% 水平上显著。

三、用海岸线度量沿海县围填海的潜力

本章的基本发现是沿海县在土地政策收紧背景下,通过大规模围填海增加土地供应,恶化了当地企业的全要素生产率。若该结论成立,意味着平均而言,海岸线越长或滩涂面积更多的沿海县,其企业的全要素生产率会受到更大的负面影响。为此,进一步用"海岸线长度"替代"是否沿海"以度量沿海县围填海造地的潜力,表 5-10 中各回归的交叉项系数表明,海岸线越长的沿海县,其企业的全要素生产率在土地政策收紧之后增长越慢,这与预期相一致。[1]

表 5-10 用海岸线度量沿海县围填海的潜力

回归样本	全样本	新设企业	在位企业	退出企业	年轻企业	成熟企业
	(1)	(2)	(3)	(4)	(5)	(6)
被解释变量	TFP	TFP	TFP	TFP	TFP	TFP
Policy	0.7732***	0.5232***	0.7855***	0.7587***	0.6224***	0.7855***
	(0.0048)	(0.0143)	(0.0055)	(0.0146)	(0.0113)	(0.0056)
Policy × Coastline	−0.0104***	−0.0147***	−0.0085***	−0.0112***	−0.0080***	−0.0098***
	(0.0009)	(0.0028)	(0.0009)	(0.0028)	(0.0016)	(0.0010)
Export	−0.0596***	−0.1162***	−0.0577***	−0.0956***	−0.0435***	−0.0749***
	(0.0020)	(0.0065)	(0.0021)	(0.0066)	(0.0034)	(0.0024)
Age	−0.0588***	0.1565***	−0.1151***	−0.1327***	0.1147***	−0.1441***
	(0.0013)	(0.0072)	(0.0016)	(0.0040)	(0.0030)	(0.0020)

---

[1] 用"滩涂总面积(1990 年)"代替"是否沿海"得到的结果也基本一致,限于篇幅,不再赘述,感兴趣的读者可函索。

续表

回归样本	全样本	新设企业	在位企业	退出企业	年轻企业	成熟企业
	(1)	(2)	(3)	(4)	(5)	(6)
被解释变量	TFP	TFP	TFP	TFP	TFP	TFP
State-owned	−0.3993***	−0.3382***	−0.3314***	−0.4615***	−0.3101***	−0.3497***
	(0.0059)	(0.0332)	(0.0063)	(0.0162)	(0.0172)	(0.0063)
Medium-scale	0.4501***	0.6909***	0.4275***	0.4343***	0.4759***	0.4449***
	(0.0024)	(0.0079)	(0.0025)	(0.0086)	(0.0041)	(0.0029)
Large-scale	0.9398***	1.3275***	0.8856***	1.0290***	1.0164***	0.9264***
	(0.0131)	(0.0395)	(0.0148)	(0.0332)	(0.0251)	(0.0153)
Constant	3.1626***	2.9324***	3.3060***	3.2400***	3.0166***	3.3496***
	(0.0070)	(0.0188)	(0.0082)	(0.0203)	(0.0132)	(0.0090)
Industry FE	Yes	Yes	Yes	Yes	Yes	Yes
Year FE	Yes	Yes	Yes	Yes	Yes	Yes
County FE	Yes	Yes	Yes	Yes	Yes	Yes
N	739574	76152	584714	88613	260416	479158
Adjusted R^2	0.213	0.217	0.226	0.217	0.202	0.227

注:括号内为稳健标准误,***、**、*分别表示 1%、5%、10% 水平上显著。

四、考虑高技术制造业样本

为更好地验证沿海县企业的全要素生产率在 2003 年后增长放缓是由其土地供应相对富有弹性所致,而非其他因素引起,笔者选取对土地不敏感的高技术制造业进行回归分析。表 5-11 的回归结果表明,与土地密集型行业不同,沿海县高技术制造业的新设企业和年轻企业全要素生产率没有受到围填海造地的影响。这再一次说明,沿海县企业的全要素生产率在 2003 年后增长放缓,确实与其围填海造地密切相关。若不然,高技术制造业的新设企业和年轻企业全要素生产率也应与土地密集型企业有相似的表现。

表 5-11　土地偏向性政策对高技术制造业的影响

回归样本	全样本	新设企业	在位企业	退出企业	年轻企业	成熟企业
	(1)	(2)	(3)	(4)	(5)	(6)
被解释变量	TFP	TFP	TFP	TFP	TFP	TFP
Policy	1.0180***	0.7255***	1.0466***	0.9873***	0.8094***	1.0311***
	(0.0207)	(0.0710)	(0.0227)	(0.0729)	(0.0517)	(0.0235)
Policy × Coastal	−0.0338**	0.0153	−0.0174	−0.1639***	0.0367	−0.0361**
	(0.0157)	(0.0611)	(0.0168)	(0.0555)	(0.0310)	(0.0184)
Export	−0.1588***	−0.3179***	−0.1463***	−0.1962***	−0.1780***	−0.1527***
	(0.0082)	(0.0293)	(0.0088)	(0.0291)	(0.0148)	(0.0099)
Age	−0.0718***	0.1224***	−0.1248***	−0.1382***	0.1295***	−0.1471***
	(0.0057)	(0.0361)	(0.0068)	(0.0196)	(0.0145)	(0.0087)
State-owned	−0.2184***	−0.2754**	−0.1594***	−0.2783***	−0.1931***	−0.1768***
	(0.0194)	(0.1337)	(0.0202)	(0.0632)	(0.0606)	(0.0207)
Medium-scale	0.5100***	0.7928***	0.4758***	0.5497***	0.5430***	0.5056***
	(0.0090)	(0.0334)	(0.0096)	(0.0348)	(0.0168)	(0.0109)
Large-scale	0.8946***	1.3770***	0.8569***	0.9485***	1.0759***	0.8461***
	(0.0333)	(0.1061)	(0.0352)	(0.0943)	(0.0710)	(0.0367)
Constant	2.5675***	2.3941***	2.7092***	2.5462***	2.3701***	2.6752***
	(0.0600)	(0.2180)	(0.0647)	(0.1646)	(0.1282)	(0.0682)
Industry FE	Yes	Yes	Yes	Yes	Yes	Yes
Year FE	Yes	Yes	Yes	Yes	Yes	Yes
County FE	Yes	Yes	Yes	Yes	Yes	Yes
N	49713	4682	40001	5654	16127	33586
Adjusted R^2	0.254	0.249	0.272	0.233	0.245	0.273

注:括号内为稳健标准误,***、**、*分别表示 1%、5%、10% 水平上显著。

五、考虑不受土地收紧约束的沿海省份样本

本章重点关注 2003 年后土地供应收紧背景下,沿海县通过围填海造地

101

增加土地供应对当地企业全要素生产率带来的影响及作用机制。很自然地，对于没有受到土地供应收紧政策影响的沿海省份应该不会观察到前面的回归结果。笔者选取广西和辽宁两个省份进行实证检验。这是因为 2003 年的土地政策是收紧东部地区的土地供应，作为西部地区的广西，其没有受到土地收紧约束。此外，辽宁省自 2004 年开始受到"振兴东北老工业基地"战略的影响，且参照陆铭等（2015）的计算，辽宁省在东部与中西部交界线以东城市的土地出让占比在 2004—2010 年期间反而比 2001—2003 年期间更高，说明辽宁省 2003 年之后未受到土地供应收紧的影响。考虑到辽宁省从 2006 年开始着力发展"五点一线"沿海经济带，该重大振兴战略对辽宁省沿海企业产生重要影响。例如，长兴岛作为辽宁省沿海经济带发展战略中的"领头羊"，在"五点一线"战略的实施下，从一个普通海岛成为拥有国家级开发区的经济强岛，GDP 实现了大幅增长（赵建东，2010）。为避免"五点一线"沿海经济带战略对辽宁省经济发展的干扰，并考虑到 2003—2004 年土地政策拐点前后时间段的对等性，选取 2002—2005 年辽宁、广西两省份的工业企业重复基准回归，得到表 5-12。可以发现，该两省份沿海县与其邻县新设企业的全要素生产率在 2003 年前后没有显著差异，从而进一步支持沿海县新设企业的全要素生产率在 2003 年后增长放缓是由东部省份的沿海县在土地收紧政策下大量围填海增加土地供应所致。

表 5-12　不受土地收紧约束的沿海省份

回归样本	全样本	新设企业	在位企业	退出企业	年轻企业	成熟企业
	(1)	(2)	(3)	(4)	(5)	(6)
被解释变量	TFP	TFP	TFP	TFP	TFP	TFP
Policy	0.2903***	0.1037	0.3202***	0.1476	0.2107***	0.3399***
	(0.0293)	(0.0932)	(0.0328)	(0.0915)	(0.0480)	(0.0366)
Policy × Coastal	0.0490	−0.0150	0.0387	0.2275**	0.0568	0.0396
	(0.0311)	(0.0945)	(0.0350)	(0.0981)	(0.0513)	(0.0386)
Export	0.0241	−0.0908	0.0246	−0.0155	0.0679**	−0.0187
	(0.0178)	(0.0563)	(0.0196)	(0.0611)	(0.0293)	(0.0224)
Age	−0.0671***	0.0245	−0.1375***	−0.1283***	0.0975***	−0.2281***
	(0.0094)	(0.0555)	(0.0123)	(0.0296)	(0.0228)	(0.0155)

回归样本	全样本	新设企业	在位企业	退出企业	年轻企业	成熟企业
	(1)	(2)	(3)	(4)	(5)	(6)
被解释变量	TFP	TFP	TFP	TFP	TFP	TFP
State-owned	−0.3250***	−0.2075	−0.2347***	−0.3493***	−0.1495	−0.2556***
	(0.0396)	(0.1875)	(0.0443)	(0.0889)	(0.0933)	(0.0433)
Medium-scale	0.3883***	0.7292***	0.3468***	0.3457***	0.4550***	0.3676***
	(0.0207)	(0.0672)	(0.0227)	(0.0688)	(0.0369)	(0.0248)
Large-scale	1.0624***	1.5297***	0.9508***	1.3273***	1.1505***	1.1039***
	(0.1197)	(0.2683)	(0.1643)	(0.2237)	(0.1512)	(0.1552)
Constant	3.3603***	3.1265***	3.5658***	3.3263***	3.1312***	3.7737***
	(0.0353)	(0.0948)	(0.0421)	(0.1102)	(0.0569)	(0.0526)
Industry FE	Yes	Yes	Yes	Yes	Yes	Yes
Year FE	Yes	Yes	Yes	Yes	Yes	Yes
County FE	Yes	Yes	Yes	Yes	Yes	Yes
N	13877	1790	10593	1730	5349	8528
Adjusted R^2	0.142	0.197	0.152	0.156	0.153	0.167

注:括号内为稳健标准误,***、**、*分别表示 1%、5%、10% 水平上显著。

六、剔除行政管理体制不同的样本

现有研究表明,更高行政级别的城市在招商引资方面具有更大的自主权,从而在争取更多来自中央政府的政策支持和资源倾斜方面也更具优势(江艇、孙鲲鹏和聂辉华,2018)。考虑到行政层级可能会影响土地收紧政策对企业全要素生产率的作用,在稳健性检验中删除东部沿海地区的天津市、上海市两个直辖市样本。表 5-13 的交叉项回归结果同表 5-3 保持一致,说明行政管理体制的差异性不影响本章的结论。

表 5-13　剔除行政管理体制不同的样本

回归样本	全样本	新设企业	在位企业	退出企业	年轻企业	成熟企业
	(1)	(2)	(3)	(4)	(5)	(6)
被解释变量	TFP	TFP	TFP	TFP	TFP	TFP
Policy	0.7854***	0.4959***	0.8012***	0.7812***	0.6218***	0.7979***
	(0.0055)	(0.0156)	(0.0062)	(0.0165)	(0.0124)	(0.0063)

续表

回归样本	全样本	新设企业	在位企业	退出企业	年轻企业	成熟企业
	(1)	(2)	(3)	(4)	(5)	(6)
被解释变量	TFP	TFP	TFP	TFP	TFP	TFP
Policy × Coastal	−0.0661***	−0.0489***	−0.0613***	−0.0809***	−0.0544***	−0.0662***
	(0.0040)	(0.0124)	(0.0045)	(0.0129)	(0.0072)	(0.0049)
Export	−0.0549***	−0.0988***	−0.0555***	−0.0761***	−0.0346***	−0.0729***
	(0.0021)	(0.0067)	(0.0023)	(0.0070)	(0.0035)	(0.0026)
Age	−0.0473***	0.1555***	−0.1066***	−0.1223***	0.1309***	−0.1329***
	(0.0014)	(0.0074)	(0.0017)	(0.0043)	(0.0031)	(0.0022)
State-owned	−0.4256***	−0.3102***	−0.3526***	−0.5058***	−0.2866***	−0.3811***
	(0.0073)	(0.0399)	(0.0077)	(0.0198)	(0.0215)	(0.0077)
Medium-scale	0.4544***	0.6989***	0.4310***	0.4447***	0.4812***	0.4480***
	(0.0025)	(0.0083)	(0.0027)	(0.0092)	(0.0043)	(0.0031)
Large-scale	0.9834***	1.3688***	0.9220***	1.0840***	1.0562***	0.9709***
	(0.0140)	(0.0399)	(0.0160)	(0.0348)	(0.0268)	(0.0163)
Constant	3.1379***	2.9227***	3.2857***	3.2229***	2.9948***	3.3291***
	(0.0074)	(0.0193)	(0.0087)	(0.0213)	(0.0139)	(0.0095)
Industry FE	Yes	Yes	Yes	Yes	Yes	Yes
Year FE	Yes	Yes	Yes	Yes	Yes	Yes
County FE	Yes	Yes	Yes	Yes	Yes	Yes
N	633136	67713	500560	73269	228772	404364
Adjusted R^2	0.221	0.223	0.235	0.231	0.214	0.235

注：括号内为稳健标准误，***、**、*分别表示 1%、5%、10% 水平上显著。

七、双重差分倾向得分匹配（PSM-DID）

本章的实证检验部分使用控制县域固定效应的 OLS 回归，而非固定效应（FE）模型。这是因为，新设企业全要素生产率是否受围填海造地的影响是本章重点关注的一个方面，而固定效应（FE）模型无法捕捉到围填海造地对新设企业的影响。为避免企业未观察因素引起的回归偏误，进一步使用双重差分倾向得分匹配估计偏向沿海县的土地政策对企业全要素生产率的影响。

采用近邻匹配算法，选择实际营业收入、行业类型、企业年龄、是否出口、是否为国有企业、是否为外资企业、职工人数、资本劳动比（实际资本与企业职工之比），以及企业所在县域是否为县级市、区、县等变量作为匹配特征，对沿海县所有企业、年轻企业及成熟企业分别进行双重差分倾向得分匹配估计。沿海县所有企业（或成熟企业）的双重差分倾向得分匹配估计具体处理步骤为：①利用 1∶4 近邻匹配算法[①]对 1998—2003 年沿海县所有企业（或成熟企业）从当年邻县所有企业（或成熟企业）中匹配出企业特征相似的控制企业样本集；②逐年将匹配后的数据与匹配前的数据进行对比并做平衡检验，保证匹配后变量标准差小于 5%（Rosenbaum & Rubin，1985）；③用上述步骤匹配好的所有企业（或成熟企业）识别出这些企业在 2003 年之后的样本，分土地收紧政策前后两部分做 DID，研究政策前后沿海县所有企业（或成熟企业）的全要素生产率相比于其邻县企业的平均处理效应（ATT）。沿海县年轻企业的双重差分倾向得分匹配估计步骤略有不同，具体表现为将 1998—2007 年沿海县新设企业逐年与其邻县新设企业进行倾向得分匹配，并利用实验组与控制组匹配成功的新设企业识别出用于双重差分倾向得分匹配估计的所有年轻企业。

从表 5-14 的估计结果来看，处理组全样本企业、年轻企业、成熟企业的全要素生产率在围填海造地后显著低于控制组各类企业的生产率均值，双重差分倾向得分匹配估计与前面 OLS 回归结果一致，表明企业层面不可观察的固定效应未对本章结论造成实质性的影响。

----

① Abadie 等（2004）研究表明 1∶4 近邻匹配为最小化均方误差。采用 1∶2 等近邻匹配亦不影响本章的结论。

表 5-14 双重差分倾向得分匹配估计

		实验组均值	控制组均值	两者差异	标准误	t统计值
年轻企业	政策前	3.4384	3.4366	0.0018	0.0066	0.27
	政策后	3.6693	3.6861	−0.0168	0.0044	−3.83
成熟企业	政策前	3.2933	3.2958	−0.0024	0.0041	−0.60
	政策后	3.6011	3.6199	−0.0188	0.0053	−3.55
全样本企业	政策前	3.3306	3.3337	−0.0031	0.0035	−0.89
	政策后	3.6358	3.6457	−0.0099	0.0042	−2.34

第六节 拓展分析

一、土地偏向性政策的规模效应

前文研究表明沿海县在围填海造地后吸引的是更低生产率的新设企业，那么，沿海县吸引这些低生产率企业的动机是什么？在既定的对上负责及晋升激励体制约束下，地方政府是否因为更加关注短期经济增长，而在招商引资中存在轻质量、重规模现象？为此，本节进一步检验了偏向沿海县的土地政策对沿海县企业规模的影响。现有研究往往选用企业的资产总额、职工人数、工业产值、营业总收入等指标来衡量企业规模（李贲和吴利华，2018）。由于职工人数不容易受价格因素的影响且造假的可能性较小，本节用职工人数作为企业规模的代理变量。表 5-15 和表 5-16 的结果表明，不论用何种指标度量围垦强度或潜力，沿海县企业在围填海造地后比邻县企业有更快的规模扩张，且这种更快的规模扩张在各类新设企业、在位企业、退出企业、年轻企业与成熟企业中均表现明显。总之，沿海县在围填海造地后吸引的新设企业虽然生产率低，但规模扩张快，促进了当地的就业和产出增长。

表 5-15　土地偏向性政策对企业规模的总体影响

围填海造地的 不同度量	是否沿海	海岸线长度	滩涂总面积 （1990 年）
	（1）	（2）	（3）
被解释变量	职工人数	职工人数	职工人数
Policy	−0.3108***	−0.3220***	−0.2876***
	(0.0050)	(0.0049)	(0.0048)
Policy × Coastal	0.0769***	—	—
	(0.0038)	—	—
Policy × Coastline	—	0.0247***	—
	—	(0.0009)	—
Policy × Mudflat	—	—	0.0154***
	—	—	(0.0012)
Export	0.4262***	0.4263***	0.4261***
	(0.0021)	(0.0021)	(0.0021)
Age	0.2172***	0.2172***	0.2176***
	(0.0013)	(0.0013)	(0.0013)
State−owned	0.4184***	0.4182***	0.4202***
	(0.0054)	(0.0054)	(0.0054)
Medium−scale	0.8405***	0.8403***	0.8404***
	(0.0024)	(0.0024)	(0.0024)
Large−scale	1.6918***	1.6917***	1.6916***
	(0.0125)	(0.0125)	(0.0125)
Constant	3.7617***	3.7621***	3.7620***
	(0.0068)	(0.0068)	(0.0069)
Industry FE	Yes	Yes	Yes
Year FE	Yes	Yes	Yes
County FE	Yes	Yes	Yes
N	739574	739574	739574
Adjusted R^2	0.387	0.388	0.387

注：括号内为稳健标准误，***、**、*分别表示 1%、5%、10% 水平上显著。

表 5-16　土地偏向性政策对进入、在位、退出企业规模的影响

回归样本	全样本	新设企业	在位企业	退出企业	年轻企业	成熟企业
	（1）	（2）	（3）	（4）	（5）	（6）
被解释变量	职工人数	职工人数	职工人数	职工人数	职工人数	职工人数
Policy	−0.3108***	−0.5706***	−0.2726***	−0.3715***	−0.4107***	−0.3960***
	(0.0050)	(0.0144)	(0.0057)	(0.0142)	(0.0117)	(0.0057)

续表

回归样本	全样本	新设企业	在位企业	退出企业	年轻企业	成熟企业
	(1)	(2)	(3)	(4)	(5)	(6)
被解释变量	职工人数	职工人数	职工人数	职工人数	职工人数	职工人数
Policy × Coastal	0.0769***	0.0767***	0.0693***	0.0922***	0.0714***	0.0721***
	(0.0038)	(0.0117)	(0.0042)	(0.0113)	(0.0069)	(0.0045)
Export	0.4262***	0.3170***	0.4270***	0.4067***	0.3981***	0.4240***
	(0.0021)	(0.0064)	(0.0023)	(0.0066)	(0.0036)	(0.0025)
Age	0.2172***	−0.1027***	0.2315***	0.1995***	0.3209***	0.3792***
	(0.0013)	(0.0070)	(0.0016)	(0.0037)	(0.0030)	(0.0020)
State-owned	0.4184***	0.5062***	0.4146***	0.4399***	0.4298***	0.3272***
	(0.0054)	(0.0298)	(0.0059)	(0.0142)	(0.0159)	(0.0057)
Medium-scale	0.8405***	0.8323***	0.8280***	0.8945***	0.7610***	0.8648***
	(0.0024)	(0.0076)	(0.0026)	(0.0084)	(0.0042)	(0.0029)
Large-scale	1.6918***	1.7873***	1.6435***	1.9370***	1.5500***	1.7576***
	(0.0125)	(0.0396)	(0.0143)	(0.0304)	(0.0269)	(0.0137)
Constant	3.7617***	4.2721***	3.7333***	3.5728***	3.9346***	3.3291***
	(0.0068)	(0.0182)	(0.0081)	(0.0190)	(0.0132)	(0.0087)
Industry FE	Yes	Yes	Yes	Yes	Yes	Yes
Year FE	Yes	Yes	Yes	Yes	Yes	Yes
County FE	Yes	Yes	Yes	Yes	Yes	Yes
N	739574	76152	584714	88613	260416	479158
Adjusted R^2	0.387	0.365	0.388	0.385	0.345	0.432

注：括号内为稳健标准误，***、**、*分别表示 1%、5%、10% 水平上显著。

二、土地偏向性政策的长期效应

1. 土地偏向性政策对企业生产率的长期影响

至此，本章检验的均是土地偏向性政策对企业全要素生产率与企业规模的短期效应，那么长期效应又如何？土地偏向性政策的长期效应是否会延续短期效应，抑或发生逆转？本节使用 2008—2012 年的工业企业数据初步检验了土地偏向性政策的长期效应。①由于 2007 年后的工业企业数据不再汇报工业中间投入及工业增加值等指标，无法测算企业的全要素生产率，本节选用实际人均工业总产值（即劳动生产率）度量企业的生产率。表 5-17 与表 5-18 的结果显示，土地偏向性政策从长期来看，也恶化了各类企业的生产率。

表 5-17　土地偏向性政策对企业生产率的长期影响(2008—2012 年)

围填海造地的 不同度量	是否沿海	海岸线长度	滩涂总面积 (1990 年)
	(1)	(2)	(3)
被解释变量	人均总产值	人均总产值	人均总产值
Policy	0.9228***	0.9152***	0.8946***
	(0.0058)	(0.0057)	(0.0056)
Policy × Coastal	−0.1015***	—	—
	(0.0040)	—	—
Policy × Coastline	—	−0.0228***	—
	—	(0.0009)	—
Policy × Mudflat	—	—	−0.0207***
	—	—	(0.0013)
Export	−0.1186***	−0.1186***	−0.1182***
	(0.0021)	(0.0021)	(0.0021)
Age	−0.0874***	−0.0877***	−0.0880***
	(0.0015)	(0.0015)	(0.0015)
State-owned	−0.4651***	−0.4659***	−0.4678***
	(0.0064)	(0.0064)	(0.0064)
Medium-scale	0.4772***	0.4775***	0.4775***
	(0.0024)	(0.0024)	(0.0024)
Large-scale	1.2686***	1.2692***	1.2693***
	(0.0110)	(0.0110)	(0.0110)
Constant	5.2945***	5.2943***	5.2940***
	(0.0075)	(0.0075)	(0.0075)
Industry FE	Yes	Yes	Yes
Year FE	Yes	Yes	Yes

---

① 2010年的中国工业企业数据缺失。2013年中国工业企业数据库规模以上工业企业职工人数总计1.34亿，比《中国工业统计年鉴》的2013年规模以上工业企业职工人数0.98亿高出27%，职工人数指标存在异常，因而未将2013年纳入研究样本期。

续表

围填海造地的 不同度量	是否沿海	海岸线长度	滩涂总面积 (1990 年)
	(1)	(2)	(3)
被解释变量	人均总产值	人均总产值	人均总产值
County FE	Yes	Yes	Yes
N	732，926	732，926	732，926
Adjusted R^2	0.306	0.307	0.306

注:括号内为稳健标准误,***、**、*分别表示 1%、5%、10% 水平上显著。

表 5-18　土地偏向性政策对进入、在位、退出企业生产率的长期影响(2008—2012 年)

回归样本	全样本	新设企业	在位企业	退出企业	年轻企业	成熟企业
	(1)	(2)	(3)	(4)	(5)	(6)
被解释变量	人均总产值	人均总产值	人均总产值	人均总产值	人均总产值	人均总产值
Policy	0.9228***	0.6157***	0.9257***	1.2533***	0.6572***	0.9103***
	(0.0058)	(0.0230)	(0.0064)	(0.0196)	(0.0127)	(0.0069)
Policy × Coastal	−0.1015***	−0.0479***	−0.0999***	−0.1065***	−0.0845***	−0.0948***
	(0.0040)	(0.0139)	(0.0046)	(0.0110)	(0.0073)	(0.0049)
Export	−0.1186***	−0.1862***	−0.1144***	−0.1842***	−0.1350***	−0.1291***
	(0.0021)	(0.0078)	(0.0024)	(0.0050)	(0.0036)	(0.0026)
Age	−0.0874***	0.0445***	−0.1497***	−0.0904***	0.1189***	−0.1444***
	(0.0015)	(0.0072)	(0.0019)	(0.0031)	(0.0029)	(0.0021)
State- owned	−0.4651***	−0.4068***	−0.4325***	−0.4122***	−0.3375***	−0.4242***
	(0.0064)	(0.0389)	(0.0068)	(0.0191)	(0.0214)	(0.0067)
Medium- scale	0.4772***	0.7850***	0.4323***	0.5901***	0.4893***	0.4906***
	(0.0024)	(0.0087)	(0.0026)	(0.0064)	(0.0041)	(0.0029)
Large- scale	1.2686***	1.9877***	1.1779***	1.4854***	1.3462***	1.2755***
	(0.0110)	(0.0374)	(0.0125)	(0.0268)	(0.0212)	(0.0128)
Constant	5.2945***	5.1002***	5.4374***	5.2641***	5.0664***	5.4609***
	(0.0075)	(0.0212)	(0.0089)	(0.0197)	(0.0138)	(0.0095)
Industry FE	Yes	Yes	Yes	Yes	Yes	Yes
Year FE	Yes	Yes	Yes	Yes	Yes	Yes
County FE	Yes	Yes	Yes	Yes	Yes	Yes
N	732926	57654	547237	142818	266450	466476
Adjusted R^2	0.306	0.349	0.326	0.315	0.284	0.320

注:括号内为稳健标准误,***、**、*分别表示 1%、5%、10% 水平上显著。

2. 土地偏向性政策对企业规模的长期影响

表 5-19 和表 5-20 汇报了土地偏向性政策对企业规模的长期影响。结果表明，在 2008—2012 年间，沿海县围填海造地有利于其各类企业规模的扩张；但相比于表 5-15 和表 5-16 的交叉项系数，发现围填海造地对企业规模扩张的长期效应小于短期效应。

表 5-19 土地偏向性政策对企业规模的长期影响(2008—2012 年)

围填海造地的 不同度量	是否沿海	海岸线长度	滩涂总面积 (1990 年)
	(1)	(2)	(3)
被解释变量	职工人数	职工人数	职工人数
Policy	0.1565***	0.1449***	0.1728***
	(0.0054)	(0.0053)	(0.0052)
Policy × Coastal	0.0540***	—	—
	(0.0039)	—	—
Policy × Coastline	—	0.0190***	—
	—	(0.0009)	—
Policy × Mudflat	—	—	0.0102***
	—	—	(0.0012)
Export	0.4107***	0.4109***	0.4105***
	(0.0021)	(0.0021)	(0.0021)
Age	0.2477***	0.2477***	0.2480***
	(0.0014)	(0.0014)	(0.0014)
State-owned	0.4007***	0.4004***	0.4022***
	(0.0060)	(0.0060)	(0.0060)
Medium-scale	0.6924***	0.6921***	0.6923***
	(0.0023)	(0.0023)	(0.0023)
Large-scale	1.3939***	1.3935***	1.3935***
	(0.0106)	(0.0106)	(0.0106)
Constant	3.8166***	3.8169***	3.8168***
	(0.0069)	(0.0069)	(0.0069)
Industry FE	Yes	Yes	Yes
Year FE	Yes	Yes	Yes
County FE	Yes	Yes	Yes
N	732926	732926	732926

续表

围填海造地的不同度量	是否沿海	海岸线长度	滩涂总面积（1990 年）
	（1）	（2）	（3）
被解释变量	职工人数	职工人数	职工人数
Adjusted R^2	0.396	0.397	0.396

注：括号内为稳健标准误，***、**、*分别表示 1%、5%、10% 水平上显著。

表 5-20　土地偏向性政策对进入、在位、退出企业规模的长期影响（2008-2012 年）

回归样本	全样本	新设企业	在位企业	退出企业	年轻企业	成熟企业
	（1）	（2）	（3）	（4）	（5）	（6）
被解释变量	职工人数	职工人数	职工人数	职工人数	职工人数	职工人数
Policy	0.1565***	−0.3566***	0.2253***	−0.4163***	0.1258***	0.0445***
	(0.0054)	(0.0217)	(0.0059)	(0.0173)	(0.0121)	(0.0064)
Policy × Coastal	0.0540***	0.0512***	0.0683***	0.0731***	0.0428***	0.0506***
	(0.0039)	(0.0136)	(0.0045)	(0.0104)	(0.0071)	(0.0048)
Export	0.4107***	0.2872***	0.3986***	0.3367***	0.3698***	0.4103***
	(0.0021)	(0.0077)	(0.0023)	(0.0048)	(0.0035)	(0.0026)
Age	0.2477***	−0.0185***	0.2632***	0.1623***	0.3296***	0.3355***
	(0.0014)	(0.0070)	(0.0018)	(0.0029)	(0.0027)	(0.0021)
State-owned	0.4007***	0.4823***	0.3904***	0.4537***	0.4043***	0.3566***
	(0.0060)	(0.0365)	(0.0065)	(0.0173)	(0.0193)	(0.0063)
Medium-scale	0.6924***	0.7246***	0.6556***	0.7419***	0.6135***	0.7470***
	(0.0023)	(0.0087)	(0.0025)	(0.0061)	(0.0039)	(0.0028)
Large-scale	1.3939***	1.4573***	1.3288***	1.6446***	1.2741***	1.4871***
	(0.0106)	(0.0362)	(0.0118)	(0.0260)	(0.0195)	(0.0124)
Constant	3.8166***	4.2211***	3.7971***	3.7864***	3.9364***	3.5430***
	(0.0069)	(0.0199)	(0.0082)	(0.0180)	(0.0130)	(0.0089)
Industry FE	Yes	Yes	Yes	Yes	Yes	Yes
Year FE	Yes	Yes	Yes	Yes	Yes	Yes
County FE	Yes	Yes	Yes	Yes	Yes	Yes
N	732926	57654	547237	142818	266450	466476
Adjusted R^2	0.396	0.381	0.373	0.361	0.381	0.425

注：括号内为稳健标准误，***、**、*分别表示 1%、5%、10% 水平上显著。

第七节 小 结

　　本章利用准自然实验研究偏向沿海县的土地政策对企业全要素生产率的影响及作用机制，发现偏向沿海县的土地供给政策降低了新进入企业的进入门槛，并使得低生产率企业更不容易退出，新进入企业和退出企业的低效率在一定程度上也阻碍了在位企业与成熟企业的全要素生产率的增长。进一步的研究发现，该负面效应对土地密集型企业尤甚。出现上述结果的背后可能机制是沿海县将围填海造地获得的新增土地更多地用于吸引土地密集型企业及符合国家重点产业政策的企业，而非具有本地比较优势的企业，带来一定程度的土地资源配置低效率。

　　在既定的对上负责及晋升激励下，地方政府更加关注短期经济增长，在招商引资中更加看重规模扩张快而非质量高的企业。沿海县通过围填海造地增加土地供应，并以低价出让工业用地，总体上促进当地各类企业规模的快速扩张，但对企业的全要素生产率却带来较为持续的负面影响。对于经济发达程度较差的沿海县而言，土地的相对富裕不能成为滥用的资本。本研究结论可为官员晋升制度和工业用地出让制度更深入的改革提供一定的借鉴意义，为了更好地发挥土地作用，要防范旨在促进公平的土地偏向性政策可能带来的效率损失。作为重要的资源资产，土地的科学、集约、高效利用是新发展格局形成的必要条件，应充分发挥市场在土地资源配置中的决定性作用，高效利用土地，引领企业高质量发展。

第六章

CHAPTER 6

创新要素偏向性政策、资源配置与
企业高质量发展

第一节　引　言

开发区，尤其是高新技术产业园区，长期以来是我国创新驱动发展战略最重要的引领区。据新华网报道，截止到 2017 年，国家高新区集聚了全国近 40% 的高新技术企业、50% 左右的国家级科技企业孵化器和超过 40% 的科技部备案的众创空间。[①] 国家级高新区企业研发经费支出与园区生产总值（GDP）比例是全国研发经费支出与国内生产总值比例的 3.3 倍，每万名从业人员授权发明专利、拥有有效发明专利达全国平均水平的 10 倍以上，是名副其实的创新要素集聚区。2008 年国际金融危机爆发以来，为促进经济平稳较快发展，国家把创新驱动发展置于更加突出的战略位置。国务院于 2009 年开始先后启动省级经济技术开发区和高新技术产业开发区的升级工作，其战略意图就在于发挥开发区的载体和阵地作用，推动中国区域经济实现增长方式由要素驱动向创新驱动的转型（杨敏，2010）。2014 年以来，国家连续发布《国务院办公厅关于促进国家级经济技术开发区转型升级创新发展的若干意见》（国办发〔2014〕54 号）《国务院办公厅关于完善国家级经济技术开发区考核制度促进创新驱动发展的指导意见》（国办发〔2016〕14 号）《国务院关于推进国家级经济技术开发区创新提升打造改革开放新高地的意见》（国发〔2019〕11 号）《国务院关于促进国家高新技术产业开发区高质量发展的若干意见》（国发〔2020〕7 号）等文件，要求促进国家级开发区以创新驱动引领高质量发展。

相比于省级开发区，国家级开发区被赋予更多作为创新要素集聚的主要载体，省级开发区通过升级进入国家级开发区后，其将在行政审批、土地

---

① 国家高新区达 168 家　集聚全国近四成高新技术企业[EB／OL]. http://www.xinhuanet.com/tech/2018-07/17/c_1123136042.htm, 2018-07-17.

使用、银行信贷、上市融资、财政贴息等方面获得更多的优惠政策。这些优惠政策能否使得省级开发区升级后吸引更多的创新资源，带来企业生产率的提升，从而实现更高质量的发展？省级开发区升级对企业生产率的影响渠道又是什么？本章以省级开发区升级为例，考察创新要素偏向性政策对企业生产率的影响效应及作用机制。

自 1984 年首批国家级经济技术开发区设立以来，国家级开发区已成为我国吸引投资最多、市场最具活力、运行体制最新、经济效益最好的区域之一，成为国民经济发展"新的经济增长点"（陈家祥，2014）。国内外关于开发区的研究文献非常丰富，主要集中于研究开发区设立对就业、贸易、产出、企业生产率等的影响。在开发区与企业生产率的研究方面，Greenstone, Hornbeck & Moretti（2010）基于美国的数据，估计了地方政府通过招商引资竞争吸引大型企业对在位企业全要素生产率的影响，他们发现大型企业带来的集聚溢出效应显著为正，并且这种溢出效应对那些享受相同劳动力和技术池的企业更为强烈。Luo, Liu, Wu 等（2015）发现，中国的国家级和省级开发区对周边企业全要素生产率存在明显的溢出效应，且溢出效应在空间上呈衰减趋势。Zheng, Sun, Wu 等（2017）针对中国北京、上海、深圳等 8 个地区的省级及以上开发区研究发现，1998—2007 年间约有 75% 新设的开发区产生正向全要素生产率溢出效应。Lu, Wang & Zhu（2019）发现，中国的开发区显著促进企业全要素生产率的提升，且这种促进效应对新进入企业及资本密集型企业更为明显。袁其刚、刘斌和朱学昌（2015）基于倾向得分匹配方法考察了 1998—2007 年中国开发区等经济功能区对企业全要素生产率的影响。研究发现经济功能区对企业全要素生产率的促进作用因地区、行业而异，研究期内的西部地区的经济功能区主要促进资源和劳动密集型企业全要素生产率的提升，而东部地区的经济功能区对技术密集型企业全要素生产率的促进作用显著。王永进和张国峰（2016）研究发现，开发区的集聚效应和选择效应都提高了开发区内企业的全要素生产率，但集聚效应是开发区内企业生产率优势的重要来源之一。民营、小规模、年轻的低效率企业从"集聚效应"中获益更大，表明开发区有助于提高资源配置效率，起到了"孵化器"的作用。郑江淮、高彦彦和胡小文（2008）依据江苏省沿江开发区企业的微观调研数据进行实证检验，则发现企业进驻开发区的主要目的是获取"政策租"，开发区企业"扎堆"没有显著地表现出关联企业产业集聚所产生的外部经济。

现有文献关于省级开发区升级效应的研究甚少，且研究主要集中在宏观方面。如孙伟增、吴建峰和郑思齐（2018）研究开发区升级对城市消费的带动效应，发现开发区升级带来城市生产力水平的提升，进而促进城市消费和子女受教育支出的显著增长。沈鸿（2018）研究省级开发区升级对城市产业上游度的影响，指出开发区升级显著改变地区的产出结构，提高城市整体的产业上游度。张先锋和刘婷婷（2019）研究了开发区升级对开发区和城市资源配置的影响，发现开发区升级通过示范效应，提高了省级开发区的资源配置效率，但其通过替代效应对省级开发区资源配置的影响并不显著。本章利用 2007—2012 年中国工业企业数据库，采用多期双重差分法估计省级开发区升级成国家级开发区[①]对企业生产率的影响及作用机制，为开发区更好地助力企业高质量发展提供理论与经验支持。

第二节　理论假说

开发区升级工作的启动，标志着我国开发区发展从数量扩张进入质量提升新阶段（高国力，2011）。在 2009—2018 年间，我国共有 252 个省级开发区升级，其中升级为国家级经济技术开发区的有 151 个，升级为国家

---

① 本章主要研究省级开发区升级为国家级经济技术开发区或国家级高新技术产业开发区对企业效率的影响，因此本章的国家级开发区指国家级经济技术开发区和国家级高新技术产业开发区，不包括国家级保税区、出口加工区等其他类型国家级开发区。

级高新技术产业开发区的有 101 个。①省级开发区升级为国家级开发区后，一方面将给园区内企业带来更多的政策优惠及更好的公共设施服务，这将吸引更多高技术含量的企业入驻，强化高技术含量企业的集聚，促进区内企业之间的产业关联与技术溢出。另一方面，随着开发区升级后区内优惠政策的加大及发展条件的改善，更多的企业想要进入园区，这也可能会带来园区工业用地等成本的上升，不利于企业发展。那么，开发区升级对企业生产率的影响究竟如何？不同类型的省级开发区的升级是否存在异质性影响？这些影响的作用机制又是如何的？下面将从省级开发区升级影响的异质性、开发区升级的"成本推动效应"及"产业集聚效应"三个方面对创新要素偏向性政策可能给企业产生的异质性影响及作用机制进行理论分析。

（1）开发区升级影响的异质性。从 2009 年开始，省级经济技术开发区和高新技术产业开发区的升级工作陆续启动。由于经济技术开发区与高新技术产业开发区的功能和定位有所不同，经济技术开发区注重"产城融合"等全面发展，而高新技术产业开发区则更突出强调科技创新（孙伟增、吴建峰和郑思齐，2018）。因此，省级开发区分别升级为国家级经济技术开发区和国家级高新技术产业开发区后，在招商引资方面会有不同的偏好，可能对区内企业生产率产生异质性影响。基于以上分析，本章提出假说1。

假说1：省级开发区升级对企业生产率的影响可能因开发区类型的不同而存在差异。

（2）开发区升级的"成本推动效应"。省级开发区升级为国家级开发区后，园区特殊的优惠政策待遇及更好的公共配套服务、基础设施建设等会吸引更多高质量企业入驻开发区，促进当地的就业与经济增长。当地就业人数的上升和工资的上涨会刺激周边住房市场与零售业的发展（Zheng，

___
① 相关数据根据《中国开发区审核公告目录》（2006年版）与《中国开发区审核公告目录》（2018年版）统计得到。

120

Sun，Wu 等，2017)。开发区周边生活性服务业、生产性服务业的发展反过来进一步增强了当地对企业和劳动力的吸引，使得更多的企业与劳动力涌向开发区，推动当地经济发展。开发区与周边配套服务业通过相互作用实现持续发展，同时也抬高当地的工业用地成本。工业用地成本的上升可能通过筛选效应淘汰低生产率的企业，留下高生产率的企业，促进企业整体生产率提升。因此，提出假说2。

假说2：省级开发区升级后可能带来工业用地成本上升，通过筛选效应淘汰低生产率企业，提升整体企业生产率水平。

（3）开发区升级的"产业集聚效应"。众多研究表明，开发区具有产业集聚效应，入驻开发区的企业必将与当地企业发生产业关联，影响园区的产业集聚程度（郑江淮等，2008）。强有力的产业集聚不仅有利于群内企业更加临近市场，共享劳动力资源，获取先进技术（Marshall，1920），而且有助于促进知识的创造、扩散和积累（Duranton and Puga，2004）。产业集聚还能降低企业的资本进入壁垒（Ruan & Zhang，2009），缓解企业的融资约束，并提升企业的生产率和出口绩效（Long & Zhang，2011）。省级开发区升级后，新进入企业的门槛上升，企业间的关联性会更强，这将对企业生产率提升产生积极作用。因此，提出假说3。

假说3：省级开发区升级后通过加强产业集聚，促进企业生产率提升。

第三节　实证检验

一、实证方法与样本选择

由于省级开发区升级是逐年批复的，并非同一年份统一升级，因此需要使用多期双重差分法研究省级开发区升级对企业生产率的影响。笔者选取的实验组为升级成国家级经济技术开发区或国家级高新技术产业开发区内的企业，控制组为未升级的省级经济技术开发区或省级高新技术产业开发区内的企业。关于企业是否位于开发区，笔者借鉴王永进和张国峰（2016）的识别原则，即如果企业所在的县区建有开发区，则将该企业识别为开发区企业；反之，则该企业为非开发区企业。关于省级开发区有无升级情况，使用《中国开发区审核公告目录》（2006 年版）及《中国开发区审核公告目录》（2018 年版）进行识别。首先，挑选出《中国开发区审核公告目录》（2018 年版）中批准时间在 2007 年及以后成立的国家级经济技术开发区或国家级高新技术产业开发区。其次，在《中国开发区审核公告目录》（2006 年版）中为这些国家级开发区寻找对应的省级开发区，若能找到对应的省级开发区，则记为升级的省级开发区，并将其在 2018 年版开发区审核公告目录中的批准时间记为升级年份；若不能找到对应的省级开发区，说明这些国家级开发区是 2007 年及以后新设的，不是从原来省级开发区升级上来的，将其剔除。最后，确定《中国开发区审核公告目录》（2006 年版）中属于省级经济技术开发区或者省级高新技术产业开发区，但在后续年份未升级为国家级开发区的省级开发区识别为控制组开发区，将后续升级为国家级开发区的省级开发区识别为实验组开发区。鉴于《中国开发区审核公告目录》（2006 年版）及《中国开发区审核公告目录》（2018 年版）均未公布开发区所在的县（市、区），笔者利用百度地图及开发区网站信息确定其所在的县（市、区）。

二、数据来源及处理

主要数据来源为国家统计局中国工业企业数据库 2007—2012 年[①]，数

---

① 2010年的中国工业企业数据缺失。2013年中国工业企业数据库规模以上工业企业职工人数总计1.34亿，比《中国工业统计年鉴》的2013年规模以上工业企业职工人数0.98亿高出27%，职工人数指标存在异常，因而未将2013年纳入研究样本期。

据处理方式同本书第五章第三节。鉴于工业企业数据库在 2007 年之后不再公布工业增加值的数据，因而无法测算全要素生产率。在企业创新指标的选取方面，2007—2012 年间中国工业企业数据库仅在 2007 年有企业研究开发费数据，仅在 2007 年、2009 年有新产品产值数据，衡量企业创新程度的指标缺失严重。因此，笔者最终选择实际人均工业总产值（即劳动生产率）度量企业的生产率。除了使用国家统计局 2007—2012 年中国工业企业数据库，还使用历年《中国区域经济统计年鉴》《中国县域统计年鉴》《中华人民共和国全国分县市人口统计资料》、各地级市年鉴及县（市、区）年鉴搜集县（市、区）的地区生产总值及户籍人口数据；使用《中国统计年鉴》搜集全国居民消费者物价指数，用以构造县域实际人均地区生产总值。

在双重差分法回归之前，需要进行平行趋势假设检验。借鉴 Beck, Levine & Levkov（2010），Alder, Shao & Zilibotti（2016）的做法，设计如下形式的计量模型进行平行趋势假设检验：

$$Y_{it} = \alpha + \sum_{n=-3}^{3} \beta_n D_{it}^{t - Upgradeyear_i = n} + \lambda \sum_n Controls_{it} + \gamma_i + \mu_t + \varepsilon_{it} \qquad (6-1)$$

式中 Y_{it} 表示企业 i 在 t 年的实际人均工业总产值（取对数），这里用实际人均工业总产值（即劳动生产率）度量企业生产率，是限于 2007 年后的工业企业数据不再汇报工业中间投入及工业增加值等指标，无法测算企业的全要素生产率。$D_{it}^{t - Upgradeyear_i = n}$ 的取值方式为当 $t - Upgradeyear_i = n$ 时，$D_{it}^{t - Upgradeyear_i = n}$ 取值为 1，否则为 0。其中 t 表示年份，$Upgradeyear_i$ 表示企业 i 所在县的省级开发区升级年份。双重差分法需要政策发生前的数据进行平行趋势假设检验，鉴于国家从 2009 年开始积极推进省级开发区升级工作，2009 年之前只有一个省级开发区升级，故将 2007 年升级的宁波高新区样本剔除，并将 2007 年、2008 年作为升级政策前年份，2009 年及以后作为升级政策后年份。这样，在研究样本期 2007—2012 年间，省级开发区最早升级是在 2009 年，最晚升级是在 2012 年，所以企业最早存活在省级开发区升级之前第 5 年，最晚是在升级之后第 3 年，即 n 的最大取值为 3，最小取值为 –5。借鉴陈钊和熊瑞祥（2015）的做法，将 $t - Upgradeyear_i$ =–5，–4，–3 归并到–3，以保证每年的企业数基本保持平衡，并取 $t - Upgradeyear_i$ =0 为基准值。$Controls_{it}$ 表示控制变量，γ_i 是个体固定效应，μ_t 是时间固定效应，ε_{it} 是随机扰动项。

在平行趋势假设检验中需要重点关注的是系数 β_n。当 n=–3，–2，–1 时，若 β_n 不显著，则表明在省级开发区升级前的那段时间，"升级开发区"与"未升级开发区"内企业的生产率并无显著差异，即平行趋势假设成立。图 6-1 展示了公式（6-1）的系数 β_n，可以看到在省级开发区升级之前的第 3 年和第 2 年，"升级开发区"与"未升级开发区"内企业的生产率差异极小，并且在统计上不显著异于零。在省级开发区升级之前的第 1 年，"升级开发区"内企业生产率在 10% 的显著性水平上低于"未升级开发区"内企业生产率。在虚线右侧，省级开发区升级之后的前 3 年，"升级开发区"内企业生产率显著高于"未升级开发区"内企业生产率。总体

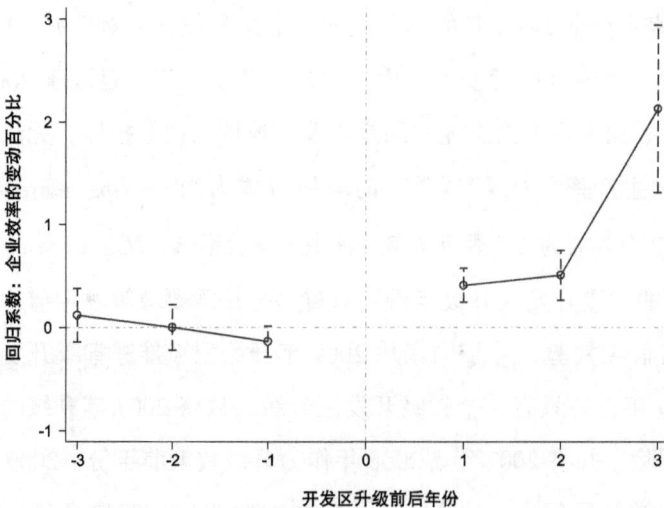

图 6-1 平行趋势假设检验

注:图中粗虚线代表 95% 置信区间。

而言，在省级开发区升级之前的第 3 年和第 2 年，实验组与控制组没有显著差异。在开发区升级前的第 1 年，实验组与控制组虽然存在略微的差异，但由于这种差异与开发区升级之后的差异相反，表明省级开发区升级确实带来开发区内企业生产率的提升，平行趋势假设基本满足，下文采用双重差分法估计是适当的。

三、实证模型与回归结果

基于多期双重差分法，构建如下面板数据模型：

$$Y_{it} = \alpha + \beta Upgrade_{it} + \lambda \sum_n Controls_{it} + \gamma_i + \mu_t + \varepsilon_{it} \tag{6-2}$$

Y_{it} 表示企业 i 在 t 年的实际人均工业总产值（取对数），$Upgrade_{it}$ 是一个取值为 0 或 1 的虚拟变量，企业 i 所在县域的省级开发区升级之前年份取 0，升级当年及之后的年份取值为 1。进一步地，为区分省级开发区升级为国家级高新技术产业开发区与国家级经济技术开发区对企业生产率的不同影响，用 $Upgrade\_G_{it}$ 度量省级开发区升级为国家级高新技术产业开发区，用 $Upgrade\_J_{it}$ 度量省级开发区升级为国家级经济技术开发区。$Controls_{it}$ 表示控制变量，包括：企业的出口状态（Export），企业出口取 1，反之取 0；企业年龄（Age），选择对数形式；所有制性质（State-owned），国有企业①取 1，非国有企业取 0；资产负债率（Debt_ratio），采用负债合计与资产合计的比值；企业所在县（市、区）的实际人均地区生产总值（PGDP），选择对数形式。此外，借鉴 Li，Lu & Wang（2016）的做法，加入实验组的时间趋势项（Upgrade_zone_trend），即 $Upgrade_{it}$ 与时间趋势的乘积。γ_i 是个体固定效应，μ_t 是时间固定效应，ε_{it} 是随机扰动项。在公式（6-2）中，β 是最需关心的估计参数，其反映省级开发区升级对企业生

---

① 由于2009年的工业企业数据缺失各类实收资本信息，本章用登记注册类型判断企业是否属于国有企业。国有企业具体包括登记注册类型为110的国有企业、141的国有联营企业、143的国有与集体联营企业、151的国有独资企业。

产率的净效应。如果 β 为正，说明省级开发区升级的确有助于推动企业生产率提升，反之，则存在抑制作用。

省级开发区升级对企业生产率影响的估计结果见表 6-1。表 6-1 的第（1）—（3）列分别表示省级开发区升级为国家级开发区（国家级高新技术产业开发区或国家级经济技术开发区）、省级开发区升级为国家级高新技术产业开发区及省级开发区升级为国家级经济技术开发区对企业生产率的影响。结果显示，开发区升级对企业生产率的提升具有显著促进作用，但这种显著的促进作用主要表现在升级为国家级高新技术产业开发区样本，省级开发区升级为国家级经济技术开发区对企业生产率的提升则不明显。具体而言，省级开发区升级对企业生产率的总体影响系数为 0.0351，且在 1% 的水平下显著，表明相对于未升级的省级开发区，省级开发区升级为国家级开发区对企业生产率的促进作用高出约 3.5%。省级开发区升级为国家级高新技术产业开发区对企业生产率的影响显著为正，系数大小为 0.0955；开发区升级为国家级经济技术开发区对企业生产率的影响系数为 −0.0051，但不显著。这说明国家级高新技术产业开发区始终以发展高新技术产业为宗旨，更加注重产业创新和生产率的提升；而国家级经济技术开发区更强调全面的发展方向，如向多功能综合性产业区转变（国办发〔2005〕15 号）[①]，更强调生产和生活相结合的"产城融合"发展模式（孙伟增、吴建峰和郑思齐，2018），使得企业生产率的提升在较短时期内并不明显。控制变量的回归结果显示，企业年龄、县域实际人均地区生产总值有助于企业生产率的提升，国有企业、资产负债率高的企业，其生产率提升较慢，出口对企业生产率的影响不显著。

---

① 《国务院办公厅转发商务部等部门关于促进国家级经济技术开发区进一步提高发展水平若干意见的通知》（国办发〔2005〕15 号）指出：促进国家级经济技术开发区向多功能综合性产业区转变。

表 6-1　开发区升级对企业生产率的总体影响

回归样本	全样本	高新技术产业开发区	经济技术开发区
	(1)	(2)	(3)
被解释变量	人均总产值	人均总产值	人均总产值
Upgrade	0.0351***	—	—
	(0.0079)	—	—
Upgrade_G_G	—	0.0955***	—
	—	(0.0134)	—
Upgrade_G_J	—	—	−0.0051
	—	—	(0.0098)
Export	−0.0083*	−0.0107**	−0.0125**
	(0.0047)	(0.0051)	(0.0050)
Age	0.4085***	0.4116***	0.4099***
	(0.0076)	(0.0082)	(0.0078)
State-owned	−0.1067***	−0.1208***	−0.0915**
	(0.0374)	(0.0396)	(0.0393)
Debt_ratio	−0.1332***	−0.1305***	−0.1422***
	(0.0070)	(0.0078)	(0.0065)
PGDP	0.3781***	0.3510***	0.4472***
	(0.0128)	(0.0140)	(0.0135)
Constant	1.2159***	1.5411***	0.6368***
	(0.1347)	(0.1471)	(0.1408)
Upgrade_zone_trend	Yes	Yes	Yes
Year FE	Yes	Yes	Yes
Industry FE	Yes	Yes	Yes
Firm FE	Yes	Yes	Yes
N	834117	697350	761778
Adjusted R^2	0.6686	0.6709	0.6635

注:括号内为稳健标准误,***、**、*分别表示 1%、5%、10% 水平上显著。

第四节　机制分析

一、开发区升级的"成本推动"效应

省级开发区升级政策总体上对提高企业生产率具有显著的正向作用，那么开发区升级是如何影响企业生产率的？为了回答这一问题，本节从开发区升级的成本推动效应进行解释。笔者搜集企业所在县的工业用地相对价格，用于检验开发区升级后用地成本对企业生产率的影响。机制检验的回归方程如下：

$$Y_{it} = \alpha + \beta Upgrade_{it} + \delta M_{it} + \varphi Upgrade_{it} \times M_{it} + \lambda \sum_n Controls_{it} + \gamma_i + \mu_t +$$

$$\varepsilon_{it} \tag{6-3}$$

其中 M_{it} 代表工业用地相对价格（Land_price），分别用下面 4 个指标进行度量：每个县的单位面积工业用地出让价格与该县单位面积商业用地出让价格之比（Ave_com_pri），每个县的单位面积工业用地出让价格与该县单位面积非工业用地（商业用地与住宅用地）出让价格之比（Ave_n_ind_pri），每个县的单笔工业用地出让价格与该县单笔商业用地出让价格之比（Unit_com_pri），以及每个县的单笔工业用地出让价格与该县单笔非工业用地（商业用地与住宅用地）出让价格之比（Unit_n_ind_pri）。[①]交互项 $Upgrade_{it} \times M_{it}$ 的系数 φ 反映开发区升级后用地成本上升对企业生产率的影响。

从表 6-2 的回归结果可以看到，不论用哪种指标度量工业用地相对价格，交互项 $Upgrade \times Land\_price$ 的系数均为正且在 1% 水平下显著，表明

---

① 每个县的土地交易数据来自中国土地市场网（www.landchina.com）。

省级开发区升级后，随着配套设施的完善，当地的土地价格上涨，用地成本的上升通过筛选效应淘汰低生产率的企业，逼迫存活企业提高企业生产率，以抵消成本上升带来的负面影响。

表6-2　开发区升级的"成本推动"效应

被解释变量	(1) 相对于商业用地的单位面积工业用地价格	(2) 相对于非工业用地的单位面积工业用地价格	(3) 相对于商业用地的单笔工业用地价格	(4) 相对于非工业用地的单笔工业用地价格
Ave_com_pri	−0.0022*	—	—	—
	(0.0012)	—	—	—
Upgrade × Ave_com_pri	0.0217***	—	—	—
	(0.0072)	—	—	—
Ave_n_ind_pri	—	−0.0203***	—	—
	—	(0.0017)	—	—
Upgrade × Ave_n_ind _pri	—	0.0129*	—	—
	—	(0.0078)	—	—
Unit_com_pri	—	—	−0.0005	—
	—	—	(0.0007)	—
Upgrade × Unit_com_pri	—	—	0.0091**	—
	—	—	(0.0038)	—
Unit_n_ind_pri	—	—	—	−0.0132***
	—	—	—	(0.0010)
Upgrade × Unit_ n_ind_pri	—	—	—	0.0263***
	—	—	—	(0.0047)
Upgrade	0.0873***	0.0733***	0.0602***	0.0899***
	(0.0147)	(0.0155)	(0.0089)	(0.0105)
Export	−0.0124**	−0.0121**	−0.0122**	−0.0121**
	(0.0052)	(0.0052)	(0.0052)	(0.0052)
Age	0.3947***	0.3935***	0.3946***	0.3929***
	(0.0087)	(0.0087)	(0.0087)	(0.0087)
State-owned	−0.1063**	−0.1069**	−0.1062**	−0.1064**
	(0.0451)	(0.0451)	(0.0450)	(0.0450)
Debt_ratio	−0.1303***	−0.1293***	−0.1304***	−0.1293***

续表

被解释变量	(1) 相对于商业用地的单位面积工业用地价格	(2) 相对于非工业用地的单位面积工业用地价格	(3) 相对于商业用地的单笔工业用地价格	(4) 相对于非工业用地的单笔工业用地价格
	(0.0080)	(0.0079)	(0.0080)	(0.0080)
PGDP	0.3789***	0.3712***	0.3808***	0.3701***
	(0.0139)	(0.0138)	(0.0139)	(0.0139)
Constant	1.2300***	1.2799***	1.2129***	1.3077***
	(0.1485)	(0.1483)	(0.1487)	(0.1485)
Upgrade_zone_trend	Yes	Yes	Yes	Yes
Year FE	Yes	Yes	Yes	Yes
Industry FE	Yes	Yes	Yes	Yes
Firm FE	Yes	Yes	Yes	Yes
N	702877	702877	702877	702877
Adjusted R^2	0.6747	0.6748	0.6747	0.6749

注:括号内为稳健标准误,***、**、*分别表示 1%、5%、10% 水平上显著。

二、开发区升级的"产业集聚"效应

现有不少文献已经证实开发区的集聚效应对企业生产率的提升产生积极作用（Kline & Moretti，2014；王永进和张国峰，2016；Lu，Wang & Zhu；2018）。那么，省级开发区升级是否通过产生更多的产业集聚带来企业生产率的提升？由于产业集聚的形成存在一定的时滞，而本章的研究样本期较短。下面以产业集聚发展活跃的浙江省为例，检验开发区升级通过产业集聚对企业生产率的影响。在浙江，产业集聚主要以产业集群（Cluster）的形式存在，俗称"块状经济"。产业集群是指一个特定行业领域里相互关联的企业或机构在地理上大规模集中形成的产业空间组织。[①] 改革开放40 多年来，浙江省产业集群从农村工业化和家庭工业中萌发，在对外开放进程中快速发展壮大，已成为浙江发展的"金名片"，是创造浙江经济奇迹的重要动力之一。

---

① Porter, M. E. Clusters and the New Economics of Competition[J]. Harvard Business Review, 1998, 76(6): 77-90.

　　借鉴 Duranton 和 Overman（2005）及 Zhu，Liu，He 等（2019）比较企业实际地理分布与随机地理分布差异的方法识别出浙江省制造业产业集群。具体而言，分别采用县（市、区）单位面积集群个数（Cluster_num）、单位面积集群企业数（Cluster_firm）、单位面积集群就业人数（Cluster_pop）及单位面积集群产值（Cluster_indust）度量浙江省产业集群发展状况。考虑到产业集群与开发区升级之间可能存在互为因果关系而引起内生性问题，将产业集群发展状况均取滞后一期。从表 6-3 的回归结果可以看到，不论用哪种指标度量产业集群发展状况，交互项 *Upgrade × Cluster* 的系数均显著为正，表明省级开发区升级后促进产业集群的发展，产业集群通过知识溢出、投入产出关联、劳动力市场共享等渠道，使得升级后园区内的企业生产率增长快于未升级的开发区内企业。

表 6-3　开发区升级的"产业集群"效应

被解释变量	(1) 集群个数 的密度	(2) 集群企业数 的密度	(3) 集群就业 人数的密度	(4) 集群产值 的密度
Cluster_num	−1.3442***	—	—	—
	(0.1647)	—	—	—
Upgrade × c. Cluster_num	2.1055***	—	—	—
	(0.4817)	—	—	—
Cluster_firm	—	−0.0121	—	—
	—	(0.0100)	—	—
Upgrade × c. Cluster_firm	—	0.4377***	—	—
	—	(0.0557)	—	—
Cluster_pop	—	—	−0.0001	—
	—	—	(0.0586)	—
Upgrade × c. Cluster_pop	—	—	1.4756***	—
	—	—	(0.1965)	—
Cluster_indust	—	—	—	−0.0177

续表

被解释变量	(1) 集群个数 的密度	(2) 集群企业数 的密度	(3) 集群就业 人数的密度	(4) 集群产值 的密度
	—	—	—	(0.0146)
Upgrade × c. Cluster_indust	—	—	—	0.1891***
	—	—	—	(0.0282)
Upgrade	−0.1134***	−0.1572***	−0.1335***	−0.1168***
	(0.0222)	(0.0237)	(0.0224)	(0.0206)
Export	0.0468***	0.0472***	0.0478***	0.0477***
	(0.0079)	(0.0079)	(0.0079)	(0.0079)
Age	0.0831***	0.0818***	0.0816***	0.0819***
	(0.0167)	(0.0167)	(0.0167)	(0.0167)
State-owned	0.0257	0.0287	0.0286	0.0283
	(0.1291)	(0.1288)	(0.1289)	(0.1289)
Debt_ratio	−0.0267*	−0.0271*	−0.0270*	−0.0275*
	(0.0149)	(0.0149)	(0.0149)	(0.0149)
PGDP	0.3877***	0.4095***	0.4088***	0.4075***
	(0.0622)	(0.0621)	(0.0624)	(0.0622)
Constant	1.4391**	1.1969*	1.2018*	1.2160*
	(0.6493)	(0.6479)	(0.6501)	(0.6485)
Upgrade_ zone_trend	Yes	Yes	Yes	Yes
Year FE	Yes	Yes	Yes	Yes
Industry FE	Yes	Yes	Yes	Yes
Firm FE	Yes	Yes	Yes	Yes
N	163172	163172	163172	163172
Adjusted R^2	0.7113	0.7113	0.7113	0.7113

注:括号内为稳健标准误,***、**、*分别表示 1%、5%、10% 水平上显著。

第五节　稳健性分析

本节从不同角度对实证结果进行稳健型检验，具体包括：替换被解释变量的度量，以及剔除行政管理体制不同的样本。

一、替换被解释变量的度量

前述回归得到开发区升级总体上有利于企业效率提升，但这种促进作用主要表现在省级开发区升级为国家级高新技术产业开发区，升级为国家级经济技术开发区对企业效率的提升则不明显。为避免被解释变量度量误差带来的回归结果偏误，本节将被解释变量替换成人均营业收入（取对数）后重新进行回归。表6-4与表6-1各列的开发区升级回归系数与显著性均非常接近，其他控制变量的回归系数符号与显著性也基本保持一致，这说明被解释变量人均产出（取对数）的度量是稳健的。

表6-4　开发区升级对企业人均营业收入的总体影响

回归样本	全样本	高新技术产业开发区	经济技术开发区
	(1)	(2)	(3)
被解释变量	人均营业收入	人均营业收入	人均营业收入
Upgrade	0.0299***	—	—
	(0.0079)	—	—
Upgrade_G_G	—	0.0784***	—
	—	(0.0134)	—
Upgrade_G_J	—	—	−0.0045
	—	—	(0.0099)
Export	−0.0123***	−0.0159***	−0.0167***
	(0.0047)	(0.0051)	(0.0050)
Age	0.4166***	0.4197***	0.4195***
	(0.0076)	(0.0082)	(0.0079)

续表

回归样本	全样本	高新技术产业开发区	经济技术开发区
	(1)	(2)	(3)
被解释变量	人均营业收入	人均营业收入	人均营业收入
State-owned	−0.1119***	−0.1230***	−0.0941**
	(0.0375)	(0.0397)	(0.0394)
Debt_ratio	−0.1307***	−0.1289***	−0.1394***
	(0.0070)	(0.0077)	(0.0065)
PGDP	0.3846***	0.3612***	0.4505***
	(0.0128)	(0.0140)	(0.0135)
Constant	1.0814***	1.3678***	0.5292***
	(0.1346)	(0.1468)	(0.1409)
Up_trend	Yes	Yes	Yes
Year FE	Yes	Yes	Yes
Industry FE	Yes	Yes	Yes
Firm FE	Yes	Yes	Yes
N	834117	697350	761778
Adjusted R^2	0.6685	0.6709	0.6633

注:括号内为稳健标准误,***、**、*分别表示 1%、5%、10% 水平上显著。

二、剔除行政管理体制不同的样本

鉴于行政层级可能会影响开发区升级政策对企业效率的作用,如行政级别高的城市在招商引资方面具有更大的自主权,因此不考虑城市的行政级别可能会带来开发区升级政策对企业效率的有偏估计,在稳健性检验中删除北京、上海、天津、重庆四个直辖市进行检验。表 6-5 的回归结果可以看到,在剔除不同行政管理体制后,省级开发区升级且主要是省级开发区升级为国家级高新技术产业开发区对企业效率具有显著促进作用,而省级开发区升级为国家级经济技术开发区对企业效率的提升则不明显。该回归结果与表 6-1 的结果一致,表明行政管理体制的差异不影响基本回归结果。

表 6-5　剔除行政管理体制不同的样本

回归样本	全样本	高新技术产业开发区	经济技术开发区
	(1)	(2)	(3)
被解释变量	人均总产值	人均总产值	人均总产值
Upgrade	0.0334***	—	—
	(0.0081)	—	—
Upgrade_G_G	—	0.0955***	—
	—	(0.0134)	—
Upgrade_G_J	—	—	−0.0065
	—	—	(0.0102)
Export	−0.0061	−0.0086*	−0.0103**
	(0.0047)	(0.0052)	(0.0051)
Age	0.4123***	0.4134***	0.4135***
	(0.0077)	(0.0083)	(0.0080)
State-owned	−0.1041***	−0.1166***	−0.0861**
	(0.0401)	(0.0424)	(0.0425)
Debt_ratio	−0.1367***	−0.1340***	−0.1465***
	(0.0073)	(0.0080)	(0.0067)
PGDP	0.3731***	0.3518***	0.4462***
	(0.0132)	(0.0145)	(0.0141)
Constant	1.2565***	1.5284***	0.6395***
	(0.1393)	(0.1522)	(0.1462)
Up - grade_zone_trend	Yes	Yes	Yes
Year FE	Yes	Yes	Yes
Industry FE	Yes	Yes	Yes
Firm FE	Yes	Yes	Yes
N	800065	670178	727726
Adjusted R^2	0.6687	0.6711	0.6633

注:括号内为稳健标准误,***、**、*分别表示 1%、5%、10% 水平上显著。

第六节　小　结

本章利用 2007—2012 年中国工业企业数据库,采用多期双重差分法估计开发区升级对企业生产率的异质性影响及作用机制，得到的研究结论具体如下：国家级高新技术产业开发区始终以加快高新技术产业的发展为宗旨，充分发挥其在引领高新技术产业发展的带动作用，促进企业生产率提升。但国家级经济技术开发区更强调全面的发展方向，强调生产和生活相结合的发展模式，如发展多功能综合性产业区，建设产城融合示范区等，这使得企业生产率的提升并不明显。从开发区升级的作用机制来看，开发区升级推动平均工业用地成本上升，通过筛选效应促进企业生产率增长。此外，开发区升级带来的集聚效应也促进企业生产率提升。

本章的研究结论对开发区升级政策具有以下两点启示。第一，国家级开发区的数量需要有一定的控制，避免数目过多及政策泛化的局面。本章的研究表明省级开发区升级为国家级开发区后，并不能保证国家级开发区内企业比区外企业有更好的生产率提升，比如升级为国家级经济技术开发区对企业生产率的提升不明显。为进一步发挥好国家级开发区示范引领和辐射带动企业高质量发展的作用，省级开发区升级不仅需要国家在升级前的有效考核，更需要在升级后的有效监督，需要适当建立国家级开发区的退出机制，保证开发区在升级后继续保持良好的发展态势。第二，产业集聚有利于通过生产专业化与多样化，降低企业生产成本，促进企业间知识溢出和信息传递，提高企业创新能力与生产率。在以国内大循环为主体、国内国际双循环相互促进的新发展格局下，有必要进一步增强国家级开发区产业集聚效应。一方面，牢牢把握"高"和"新"发展定位，抢占未来科技和产业发展制高点，构建开放创新、高端产业集聚，促进现代化产业集群健康发展。另一方面，参与全球产业分工和价值链重组，加强与国际创新产业高地联动发展，加快引进集聚国际高端创新资源，深度融合国际产业链、供应链、价值链。

第七章

CHAPTER 7

结论与展望

第一节　主要结论

本书主要以企业全要素生产率度量企业高质量发展水平，基于资本偏向、土地偏向及创新要素偏向三个典型的视角研究偏向性政策对资源配置及企业高质量发展的影响和作用机制，主要研究结论如下。

第一，以煤炭行业为例，基于国有、民营二元经济结构探讨资本偏向性政策对企业全要素生产率及社会福利的影响。研究发现，偏向国有煤炭企业的资本补贴政策有利于改善安全清洁生产条件，但会降低国有企业的效率，并造成一批只有依靠补贴才能存活的"僵尸企业"产能过剩。获得较少补贴且没有能力投资安全清洁生产设备的民营煤炭企业通过向当地政府官员交"保护费"存活在市场上，这种政企合谋不仅使本该淘汰的落后小煤炭企业继续得以存活，形成落后的过剩产能，而且还促使有能力投资安全清洁生产设备的民营煤炭企业不选择先进的生产方式，而选择交"保护费"的落后生产方式存活，造成更多的落后产能。数值模拟的结果表明，享受补贴的国有煤炭企业存活生产率不及交"保护费"的民营煤炭企业的存活生产率，偏向国有煤炭企业的资本补贴政策造成较为严重的效率扭曲。中国煤炭行业的补贴政策与政企合谋导致全社会消费者福利水平损失约9%；考虑到民众人身安全及环境污染等外部性，凭借政企合谋存活的落后民营煤炭企业比享受补贴的国有煤炭企业带来更大的福利损失。

第二，以中国东部沿海县域向海要地为例，研究土地偏向性政策对土地配置及企业全要素生产率的影响。2003年以后，中央政府实施了偏向中西部地区的土地供给政策，使得东部地区建设用地指标在全国所占的比重逐年下降。本书第五章利用1998—2012年中国工业企业微观数据，采用双重差分方法研究同是受到土地供应收紧影响的东部省份内，沿海县相比于没有海涂资源的邻县，通过围填海造地增加土地供给对企业全要素生产率的影响及其作用机制。研究发现，不论从短期抑或长期来看，东部沿海县通过围填海造地增加土地供给，有利于当地企业规模扩张，却不利于企业全要素生产率的提升，反而使其陷入低质量发展困境。这背后的原因是，沿海县通过围填海造地获得更多土地后，降低了企业的进入门槛，使低效率企业不易退出，并将土地更多地用于吸引土地密集型大企业及符合国家产业政策导向的企业，而非具有本地比较优势的企业，带来一定的土地资源误配置，抑制沿海县企业全要素生产率的增长。

第三，以省级开发区升级为例，研究创新要素偏向性政策对资源配置及企业生产率的影响。自 2009 年以来，国家启动省级开发区的升级工作，旨在推动中国区域经济实现增长方式由要素驱动向创新驱动的转型。本书第六章基于省级开发区升级的研究发现，省级开发区升级为国家级高新技术产业开发区能显著促进企业生产率的提升，但升级为国家级经济技术开发区对企业生产率的提升则不明显。从作用机制来看，开发区升级后，平均工业用地成本上升，通过筛选效应促进企业生产率增长。此外，开发区升级还通过产业集聚促进企业生产率提升。

第二节　政策启示

随着人口红利的逐渐消失，资源环境约束加强，经济增长传统动力减弱，全要素生产率成为转变增长动力、实现高质量增长和经济可持续发展的关键所在。过去各种政策性扭曲为中国经济实现赶超型增长做出了巨大贡献，但也暴露出很多问题，正阻碍当前中国经济的可持续增长。全面深化改革，消除制度性与政策性扭曲成为我国跨越中等收入陷阱，迈向高收入经济体行列的核心任务。本书的研究结论对更好地发挥政府作用，优化资源配置，提高企业全要素生产率，实现高质量发展具有以下政策启示。

第一，推动产业政策向普惠化转变。长期以来，由于在经济社会发展中的特殊贡献和地位，国有企业获得了绝大部分政府补贴，但其生产率却不及民营企业和外资企业，因此，有必要深入推进国有企业分类改革，着力推进混合所有制改革，减少对不具有正外部性且效率低下的国有企业实施补贴政策。按照市场化原则推动国有企业的股权和产权多元化，通过引入非国有战略投资者，以完善企业法人治理结构和管理方式，提高国有企业的资本配置效率，助推中国新型工业化发展。通过建立公平的企业发展机制，维护公平竞争的市场环境，优化企业间的资源配置，促进企业总体生产率的提升。

第二，深化土地制度改革，将政府决定土地配置转向市场配置土地，促进土地长效支持国民经济可持续发展。本书第五章研究表明，基于公平动机，偏向欠发达地区的土地政策反而带来企业全要素生产率的损失，该结论与王媛和杨广亮（2016）的研究所证实的政府配置土地资源为当地带来的增长效应和土地利用效率均十分有限相类似。作为为数不多的政府垄断性生产要素，土地的分配由政府主导会扭曲土地配置，带来土地使用的低效率。因此，有必要深化土地制度改革，通过释放土地资源配置活力，助推企业全要素生产率提升。

第三，在新常态下，中央政府的产业、土地等政策应更多地偏向质量要求，而非总量要求。本书的结论表明相对于偏向国有企业的资本政策及偏向一定区域的土地政策，创新要素偏向性政策更能带来企业生产率的提升。随着中国经济进入"新常态"，有必要构建新型的中央和地方关系，削弱地方政府为追求短期经济增长而扭曲经济政策的体制基础，将考核指标转向更可持续发展的中长期绩效；尽可能地矫正地方政府落实经济政策的激励扭曲，将更多的资源用于偏向高质量发展，不断降低政府干预的资源错配程度。

第三节　研究的不足与展望

受限于自身学术水平、数据资料匮乏及时间紧迫，本书存在如下不足之处，有待今后进一步深入拓展研究。

第一，本书第四章的理论模型假定国有企业的劳动力供给缺乏弹性，并未考虑补贴政策所带来的债务膨胀等问题。当前，国有企业混合所有制改革正在逐步推进，国家发展改革委等《关于深化混合所有制改革试点若干政策的意见》（发改经体〔2017〕2057号）指出：混合所有制改革企业要形成市场化劳动用工制度，实现员工能进能出。因此，在理论建模中放松国有企业的劳动力供给将更加贴近现实，是今后研究中一大重要的拓展方向。此外，模型中补贴政策所带来的政府债务问题也有待进一步考虑，使分析更全面周到。

第二，政策效果的实证研究通常都会面临"政策同时性"问题（孙伟增、吴建峰和郑思齐，2018），即除了实证研究的核心政策之外，同期可能存在其他政策影响资源配置及企业生产率，导致实证估计的结果不"纯净"。本书第五、六章的实证研究可能存在未考虑到一些其他政策影响而带来"政策同时性"问题，后续研究有待加入更多控制变量和更多的稳健性检验来缓解这一问题。此外，实证研究尚未考虑相关政策的溢出效应，一个真正好的政策不应当仅仅给实施地带来益处，而是应该同时带动周边地区发展，进而提高全社会的效率。以邻为壑的偏向性政策并不是社会最优，故有关政策的溢出效应非常值得研究，有待今后深入分析。

第三，本书没有研究劳动偏向性政策对资源配置与企业高质量发展的影响，主要原因在于本书基于企业层面展开研究，而企业层面细分劳动力技能数据只有2004年和2008年的经济普查数据，这两年数据介于2001

年和 2014 年之间两次较大的户籍制度改革，使得对上述任意一个户籍制度改革而言，都没有政策前后的企业层面劳动力数据可以用于观察。有限的两期数据使得劳动力偏向性政策对企业生产率影响的精确识别难以展开。关于劳动偏向性政策对资源配置与企业高质量发展的影响研究有待今后随着数据的完善进行深入探讨。

参考文献

[1]   ADAMOPOULOS T, RESTUCCIA D. Land Reform and Productivity: A Quantitative Analysis with Micro Data[J]. *American Economic Journal:Macroeconomics*, 2020, 12(3): 1-39.

[2]   AGHION P, CAI J, DEWATRIPONT M, et al. Industrial policy and competition[J]. *American Economic Journal: Macroeconomics*, 2015, 7(4): 1-32.

[3]   ALDER S, SHAO L, ZILIBOTTI F. Economic reforms and industrial policy in a panel of Chinese cities[J]. *Journal of Economic Growth*, 2016, 21(4): 305-349.

[4]   AMIT K, The long and short (of) quality ladders[J]. *Review of Economic Studies*, 2010,77(4):1450-1476

[5]   ANDERSON J E, VAN WINCOOP E. Trade costs[J]. *Journal of Economic Literature*, 2004, 42(3): 691-751.

[6]   ANTONIADES A. Heterogeneous firms, quality, and trade[J]. *Journal of International Economics*, 2015, 95(2), 263-273.

[7]   BAI P, CHENG W. Accounting for labor misallocation in China with provincial data 1980—2010[J]. *Discussion paper*, Department of Economics, Monash University, 2014.

[8]   BANERJEE A V, DUFLO E, MUNSHI K. The (mis)allocation of capital[J]. *Journal of the European Economic Association*, 2003, 1(2-3): 484-494.

[9]   BECK T, LEVINE R, LEVKOV A. Big bad banks? The winners and losers from bank deregulation in the united states[J]. *Journal of Finance*, 2010, 65 (5): 1637-1667.

[10]   BERNARD A B, REDDING S J, SCHOTT P K. Comparative advantage and heterogeneous firms[J]. *Review of Economic Studies*, 2007, 74(1): 31-66.

[11]   BRANDT L, VAN BIESEBROECK J, ZHANG Y. Creative accounting or

creative destruction? Firm-level productivity growth in Chinese manufacturing[J]. *Journal of Development Economics*, 2012, 97(2): 339-351.

[12]   BUERA F J, MOLL B, SHIN Y. Well-intended policies[J]. *Review of Economic Dynamics*, 2013, 16(1): 216-230.

[13]   BUSOM I, VÉLEZ-OSPINA J A. Innovation, public support, and productivity in Colombia. a cross-industry comparison[J]. *World Development*, 2017, 99: 75-94.

[14]   CARBONI O A. R&D subsidies and private R&D expenditures: evidence from Italian manufacturing data[J]. *International Review of Applied Economics*, 2011, 25(4): 419-439.

[15]   CUBIZOL D. Transition and capital misallocation: the Chinese case[J]. *Journal of International Money and Finance*, 2018, 81: 88-115.

[16]   DEFEVER F, Riaño A. China's pure exporter subsidies[J]. *CEP Discussion Paper No* 1182, 2012.

[17]   DOLLAR D, WEI S. Das (wasted) kapital: firm ownership and investment efficiency in China[J]. *NBER Working Paper*, 2007.

[18]   DOWRICK S, GEMMELL N. Industrialisation, catching up and economic growth: a comparative study across the world's capitalist economies[J]. *The Economic Journal*, 1991, 101(405): 263-275.

[19]   DURANTON G, GHANI E, GOSWAMI A G,et al. The misallocation of land and other factors of production in India[J]. *World Bank Working Paper*, 2015.

[20]   DURANTON G, OVERMAN H G. Testing for localization using micro-geographic data[J]. *The Review of Economic Studies*, 2005, 72(4): 1077-1106.

[21]   FOSTER L, Haltiwanger J, SYVERSON C. The slow growth of new plants: Learning about demand?[J]. *Economica*, 2016, 83(329): 91-129.

[22]   Gillis M, Perkins D H, ROEMER M, et al. Economics of development[M]. New York and London: W W Norton and Company, 1987.

[23]   Greenstone M, Hornbeck R, MORETTI E. Identifying agglomeration spillovers: evidence from winners and losers of large plant openings[J]. *Journal of Political Economy*, 2010, 118(3): 536-598.

[24]   HALLAK J C,SCHOTT P K. Estimating cross-country differences in product quality[J]. *The Quarterly Journal of Economics*, 2011,126(1):417-474.

[25]   Han L, LU M. Housing prices and investment: an assessment of China's in-land-favoring land supply policies[J]. *Journal of the Asia Pacific Economy*, 2017, 22(1): 160-121.

[26]   HOWELL A. Picking 'winners' in China: Do subsidies matter for indigenous innovation and firm productivity? [J]. *China Economic Review*, 2017, 44: 154-165.

[27]   HU A. Ownership, government R&D, private R&D, and productivity in Chinese industry [J]. *Journal of Comparative Economics*, 2001, 29(1): 136-157.

[28]   HUANG Z, DU X. Government intervention and land misallocation: Evidence from China[J]. *Cities*, 2017, 60: 323-332.

[29]   IHLANFELDT R K. The effect of land use regulation on housing and land prices[J]. *Journal of Urban Economics*, 2007, 61(3): 420-435.

[30]   JIA R, NIE H. Decentralization, collusion, and coal mine deaths[J]. *Review of Economics and Statistics*, 2017, 99(1): 105-118.

[31]   JO I H, SENGA T. Aggregate consequences of credit subsidy policies: Firm dynamics and misallocation[J]. *Review of Economic Dynamics*, 2019, 32: 68-93.

[32]   KLINE P, MORETTI E. Local economic development, agglomeration economies, and the big push: 100 years of evidence from the tennessee valley authority[J]. *Quarterly Journal of Economics*, 2014, 129(1): 275-331.

[33]   KRUGMAN P. Protection in developing countries[M]. Dornbusch R. Policy-making in the open economy: concepts and case studies in economic performance. New York: Oxford University Press,1993:127-148.

[34]   KRUGMAN P. The myth of Asia's miracle[J]. *Foreign Affairs*, 1994, 73(6): 62-78.

[35]   KUGLER M, VERHOOGEN E. Prices, plant size, and product quality[J]. *Review of Economic Studies*, 2012,79(1):307-339.

[36]   LAGOS R. A model of TFP[J]. *The Review of Economic Studies*, 2006, 73 (4): 983-1007.

[37]   LI P, LU Y, WANG J. Does flattening government improve economic performance? Evidence from China[J]. *Journal of Development Economics*, 2016, 123: 18-37.

[38]   LIANG W, LU M, ZHANG H. Housing prices raise wages: Estimating the unexpected effects of land supply regulation in China[J]. *Journal of Housing Economics*, 2016, 33: 70-81.

[39]   LIN J Y. Economic development and transition : thought, strategy, and viability[M]. Cambridge: Cambridge University Press, 2009:456-457.

[40]   LIN J Y. New structural economics: a framework for rethinking development and policy[M]. Washington DC World Bank Publications, 2012.

[41]   LONG C L,ZHANG X B. Cluster-based industrialization in China: financing and performance[J]. *Journal of International Economics*, 2011, 84(1): 112-123.

[42]   LU Y, WANG J, ZHU L. Place-based policies, creation and agglomeration economies: evidence from China's economic zone program[J]. *American Economic Journal: Economic Policy*, 2019, 11(3):325-360.

[43]   LUO D M, LIU Y J, WU Y Y, et al. Does development zone have spillover effect in China[J]. Journal of The Asia Pacific Economy, 2015, 20(3): 489-516.

[44]   MALERBA F, BRUSONI S. Perspectives on innovation [M]. Cambridge: Cambridge University Press, 2010.

[45]   MARIMON R,ZILIBOTTI F. Unemployment vs. mismatch of talents: reconsidering unemployment benefits[J]. *The Economic Journal*, 1999, 109(455): 266-291.

[46]   MARSHALL A, MARSHALL M. P.The economics of Industry[M]. Macmillan and Company, 1920.

[47]   MELITZ M J. The impact of trade on intra-industry reallocations and aggregate industry productivity[J]. *Econometrica*, 2003, 71(6): 1695-1725.

[48]   NEARY J P. Pitfalls in the theory of international trade policy: concertina reforms of tariffs, and subsidies to high-technology industries[J]. *Scandinavian Journal of Economics*, 1998, 100(1): 187-206.

[49]   ÖZÇELIK E,TAYMAZ E. R&D support programs in developing countries: the Turkish experience[J]. *Research Policy*, 2008, 37(2): 258-275.

[50]   POIRSON H. Factor reallocation and growth in developing [J]. *IMF Working Paper*, 2000.

[51]   RANASINGHE A. Impact of policy distortions on firm-level innovation,

productivity dynamics and TFP [J]. *Journal of Economic Dynamics and Control*, 2014, 46: 114-129.

[52] RESTUCCIA D ,SANTAEULÀLIA-LLOPIS R. Land misallocation and productivity[J]. *NBER Working Paper*, 2017.

[53] ROMANO R E. Aspects of R&D subsidization[J]. *Quarterly Journal of Economics*, 1989, 104(4): 863-873.

[54] RUAN J Q, ZHANG X B. Finance and cluster-based industrial development in China[J]. *Economic Development and Cultural Change*, 2009, 58(1): 143-164.

[55] SCHUMPETER J A. The theory of economic development. an inquiry into profits, capital, credit, interest, and the business cycle[M]. Cambridge: Harvard University Press, 1934.

[56] SCHUMPETER J A. Theorie der wirtschaftlichen entwicklung[M]. Berlin: Duncker and Humblot, 1912.

[57] SICULAR T, YUE X M, GUSTAFSSON B, et al. The urban-rural income gap and inequality in China[J]. *Review of Income & Wealth*, 2007, 53(1): 93-126.

[58] SONG X Q, MU X Y. The safety regulation of small-scale coal mines in China: analysing the interests and influences of stakeholders[J]. *Energy Policy*, 2013, 52: 472-481.

[59] SONG Z, STORESLETTEN K, ZILIBOTTI F ,et al . Growing like China[J]. *The American Economic Review*, 2011, 101(1): 196-233.

[60] STIGLITZ J E, GREENWALD B C. Creating a learning society: a new approach to growth, development, and social progress[M]. New York: Columbia University Press, 2014.

[61] TASSEY G. Underinvestment in public good technologies[J]. *Journal of Technology Transfer*, 2004, 30(1-2): 89-113.

[62] VERACIERTO M. Employment flows, capital mobility, and policy analysis [J]. *International Economic Review*, 2001, 42(3): 571-595.

[63] VOLLRATH D. The efficiency of human capital allocations in developing countries[J]. *Journal of Development Economics*, 2014, 108: 106-118.

[64] WALLSTEN S J. The effects of government-industry r&d programs on private r&d: the case of the small business innovation research program[J]. *The*

RAND Journal of Economics, 2000, 31(1): 82-100.

[65]   WU G. Capital misallocation in china: financial frictions or policy distortions?[J]. *Journal of Development Economics*, 2018, 130: 203-223.

[66]   YOUNG A. Gold into base metals: productivity growth in the people's republic of china during the reform period[J]. *Journal of Political Economy*, 2003, 111(6): 1220-1261.

[67]   ZHENG S, SUN W, WU J, et al. The birth of edge cities in china: measuring the effects of industrial parks policy [J]. *Journal of Urban Economics*, 2017, 100: 80-103.

[68]   ZHU X, LIU Y, HE M, et al. Entrepreneurship and industrial clusters: evidence from china industrial census[J]. *Small Business Economics*, 2019, 52 (3): 595-616.

[69]   安同良,周绍东,皮建才. R&D补贴对中国企业自主创新的激励效应[J]. 经济研究,2009(10):87-98,120.

[70]   蔡昉,林毅夫,张晓山,等. 改革开放40年与中国经济发展[J]. 经济学动态,2018(8):4-17.

[71]   蔡昉. 以提高全要素生产率推动高质量发展(人民要论)[DB／OL]. http://paper.people.com.cn/rmrb/html/2018-11/09/nw.D110000renmrb_20181109_2-07.htm.

[72]   蔡宏波,李昕宇. 户籍身份对家庭教育支出的影响研究[J]. 中国人口科学,2019(1):76-87,127.

[73]   蔡皙,王德文. 中国经济增长可持续性与劳动贡献[J]. 经济研究,1999(10):62-68.

[74]   陈斌开,伏霖. 发展战略与经济停滞[J]. 世界经济,2018(1):52-77.

[75]   陈家祥. 国家级开发区扩容后的发展策略研究[J]. 科技与经济,2014(3):31-35.

[76]   陈林,伍海军. 国内双重差分法的研究现状与潜在问题[J]. 数量经济技术经济研究,2015(7):133-148.

[77]   陈钊,熊瑞祥. 比较优势与产业政策效果——来自出口加工区准实验的证据[J]. 管理世界,2015(8):67-80.

[78]   陈昭,刘映曼. 政府补贴、企业创新与制造业企业高质量发展[J]. 改革,2019(8):140-151.

[79] 戴晨,刘怡.税收优惠与财政补贴对企业R&D影响的比较分析[J].经济科学,2008(3):58-71.

[80] 戴觅,余淼杰,Madhura Maitra.中国出口企业生产率之谜:加工贸易的作用[J].经济学(季刊),2014(2):675-698.

[81] 范林凯,李晓萍,应珊珊.渐进式改革背景下产能过剩的现实基础与形成机理[J].中国工业经济,2015(1):19-31.

[82] 高国力.我国省级开发区升级的区域分布及发展思路研究[J].甘肃社会科学,2011(6):36-40.

[83] 耿强,江飞涛,傅坦.政策性补贴、产能过剩与中国的经济波动——引入产能利用率RBC模型的实证检验[J].中国工业经济,2011(5):27-36.

[84] 郭信声.填海造地系列述评之一:为国家战略实施拓展空间[N].中国海洋报,2014.

[85] 韩永辉,黄亮雄,王贤彬.产业政策推动地方产业结构升级了吗?——基于发展型地方政府的理论解释与实证检验[J].经济研究,2017(8):33-48.

[86] 黄速建,肖红军,王欣.论国有企业高质量发展[J].中国工业经济,2018(10):19-41.

[87] 黄先海,宋学印,诸竹君.中国产业政策的最优实施空间界定——补贴效应、竞争兼容与过剩破解[J].中国工业经济,2015(4):57-69.

[88] 黄阳华,夏良科.为什么R&D投资没能有效促进中国工业TFP快速提升?[J].经济管理,2013(3):12-25.

[89] 黄志雄.科技创新补贴供给侧改革与企业研发策略研究[J].经济理论与经济管理,2018(12):57-69.

[90] 季永宝,吴辉航,刘潇,等.西部大开发政策影响企业生产率的财税效应研究[J].产业经济评论(山东大学),2018(1):71-93.

[91] 简泽,张涛,伏玉林.进口自由化、竞争与本土企业的全要素生产率——基于中国加入WTO的一个自然实验[J].经济研究,2014(8):120-132.

[92] 江飞涛,耿强,吕大国,等.地区竞争、体制扭曲与产能过剩的形成机理[J].中国工业经济,2012(6):44-56.

[93] 江飞涛,李晓萍.改革开放四十年中国产业政策演进与发展——兼论中国产业政策体系的转型[J].管理世界,2018(10):73-85.

[94] 江飞涛,李晓萍.直接干预市场与限制竞争:中国产业政策的取向与根本

缺陷[J]. 中国工业经济,2010(9):26-36.

[95]　江艇,孙鲲鹏,聂辉华. 城市级别、全要素生产率和资源错配[J]. 管理世界,2018(3):38-50.

[96]　蒋灵多,陆毅. 市场竞争加剧是否助推国有企业加杠杆[J]. 中国工业经济,2018(11):155-173.

[97]　蒋省三,刘守英,李青. 土地制度改革与国民经济成长[J]. 管理世界,2007(9):1-9.

[98]　李贲,吴利华. 开发区设立与企业成长:异质性与机制研究[J]. 中国工业经济,2018(4):79-97

[99]　李力行,黄佩媛,马光荣. 土地资源错配与中国工业企业生产率差异[J]. 管理世界,2016(8):86-96.

[100]　李力行,申广军. 经济开发区、地区比较优势与产业结构调整[J]. 经济学(季刊),2015,14(3):885-910.

[101]　李平. 重点产业结构调整和振兴规划研究——基于中国产业政策反思和重构的视角[M]. 北京:中国社会科学出版社,2018.

[102]　林毅夫. 新结构经济学的理论基础和发展方向[J]. 经济评论,2017(3):4-16.

[103]　林毅夫. 新结构经济学视角下的国有企业改革[J]. 社会科学战线,2019(1):41-48,2.

[104]　刘军辉,张古. 户籍制度改革对农村劳动力流动影响模拟研究——基于新经济地理学视角[J]. 财经研究,2016,42(10):80-93.

[105]　刘伟,李绍荣. 所有制变化与经济增长和要素效率提升[J]. 经济研究,2001(1):3-9,93.

[106]　陆国庆,王舟,张春宇. 中国战略性新兴产业政府创新补贴的绩效研究[J]. 经济研究,2014(7):44-55.

[107]　陆铭,向宽虎. 破解效率与平衡的冲突——论中国的区域发展战略[J]. 经济社会体制比较,2014(4):1-16.

[108]　陆铭,张航,梁文泉. 偏向中西部的土地供应如何推升了东部的工资[J]. 中国社会科学,2015(5):59-83,204-205.

[109]　毛其淋,盛斌. 中国制造业企业的进入退出与生产率动态演化[J]. 经济研究,2013(4):16-29.

[110] 毛其淋,许家云.政府补贴对企业新产品创新的影响——基于补贴强度"适度区间"的视角[J].中国工业经济,2015(6):94-107.

[111] 孟辉,白雪洁.新兴产业的投资扩张、产品补贴与资源错配[J].数量经济技术经济研究,2017,34(6):20-36.

[112] 聂辉华,方明月,李涛.增值税转型对企业行为和绩效的影响——以东北地区为例[J].管理世界,2009(5):17-24,35.

[113] 聂辉华,江艇,杨汝岱,等.中国工业企业数据库的使用现状和潜在问题[J].世界经济,2012(5):142-158.

[114] 聂辉华,蒋敏杰.政企合谋与矿难:来自中国省级面板数据的证据[J].经济研究,2011(6):146-156.

[115] 皮建才,黎静,管艺文,等.政策性补贴竞争、体制性产能过剩与福利效应[J].世界经济文汇,2015(3):19-31.

[116] 钱雪松,康瑾,唐英伦,等.产业政策、资本配置效率与企业全要素生产率——基于中国2009年十大产业振兴规划自然实验的经验研究[J].中国工业经济,2018(8):42-59.

[117] 申广军.比较优势与僵尸企业:基于新结构经济学视角的研究[J].管理世界,2016(12):13-24,187.

[118] 沈鸿.区位导向性政策、集聚经济与出口贸易转型发展[D].广州:暨南大学,2018.

[119] 施本植,汤海滨.什么样的杠杆率有利于企业高质量发展[J].财经科学,2019(7):80-94.

[120] 石大千,胡可,陈佳.城市文明是否推动了企业高质量发展?——基于环境规制与交易成本视角[J].产业经济研究,2019(6):27-38.

[121] 宋凌云,王贤彬.重点产业政策、资源重置与产业生产率[J].管理世界,2013(12):63-77.

[122] 苏治,徐淑丹.中国技术进步与经济增长收敛性测度——基于创新与效率的视角[J].中国社会科学,2015(7):4-25,205.

[123] 孙伟增,吴建峰,郑思齐,等.区位导向性产业政策的消费带动效应——以开发区政策为例的实证研究[J].中国社会科学,2018(12):48-68,200.

[124] 孙晓华,李明珊.国有企业的过度投资及其效率损失[J].中国工业经济,2016(10):109-125.

[125] 王万珺,刘小玄.为什么僵尸企业能够长期生存[J].中国工业经济,2018
(10):61-79.

[126] 王鑫,钟笑寒.关井政策对煤炭行业的影响:理论与实证[A].清华大学中
国与世界经济研究中心研究报告汇编.北京:清华大学中国与世界经济研
究中心,2013.

[127] 王永进,施炳展.上游垄断与中国企业产品质量升级[J].经济研究,2014,
49(4):116-129.

[128] 王永进,张国峰.开发区生产率优势的来源:集聚效应还是选择效应?[J].
经济研究,2016(7):58-71.

[129] 王媛,杨广亮.为经济增长而干预:地方政府的土地出让策略分析[J].管理
世界,2016(5):18-31.

[130] 吴辉航,刘小兵,季永宝.减税能否提高企业生产效率?——基于西部大开
发准自然实验的研究[J].财经研究,2017,43(4):55-67.

[131] 吴意云,朱希伟.中国为何过早进入再分散:产业政策与经济地理[J].世界
经济,2015,38(2):140-166.

[132] 解维敏,唐清泉,陆姗姗.政府R&D资助,企业R&D支出与自主创新——
来自中国上市公司的经验证据[J].金融研究,2009(6):86-99.

[133] 杨敏.国家级开发区扩容背后[J].决策,2010(7):1.

[134] 杨其静,吴海军.产能过剩、中央管制与地方政府反应[J].世界经济,2016,
39(11):126-146.

[135] 杨洋,魏江,罗来军.谁在利用政府补贴进行创新?——所有制和要素市场
扭曲的联合调节效应[J].管理世界,2015(1):75-86.

[136] 於方,过孝民,张衍燊,等.2004年中国大气污染造成的健康经济损失评
估[J].环境与健康杂志,2007(12):999-1003.

[137] 袁其刚,刘斌,朱学昌.经济功能区的"生产率效应"研究[J].世界经济,
2015(5):81-104.

[138] 袁志刚,解栋栋.中国劳动力错配对TFP的影响分析[J].经济研究,2011,
46(7):4-17.

[139] 岳福斌.中国煤炭工业发展报告(2015)[M].北京:社会科学文献出版社,
2015.

[140] 张广胜,孟茂源.内部控制、媒体关注与制造业企业高质量发展[J].现代经

济探讨,2020(5):81-87.

[141] 张杰,陈志远,杨连星,等.中国创新补贴政策的绩效评估:理论与证据[J]. 经济研究,2015,50(10):4-17.

[142] 张杰,翟福昕,周晓艳.政府补贴、市场竞争与出口产品质量[J].数量经济 技术经济研究,2015,32(4):71-87.

[143] 张莉,朱光顺,李夏洋,等.重点产业政策与地方政府的资源配置[J].中国 工业经济,2017(8):63-80.

[144] 张先锋,刘婷婷.开发区升级与资源配置:替代效应还是示范效应?[J].现 代经济探讨,2019(6):95-105.

[145] 赵建东.适度围填海:顺应趋势合乎国情[N].中国海洋报,2010.

[146] 赵卿,曾海舰.国家产业政策、信贷资源配置与企业业绩[J].投资研究, 2016(3):58-72.

[147] 郑东雅,皮建才.中国的资本偏向型经济增长:1998-2007[J].世界经济, 2017(5):24-48.

[148] 郑江淮,高彦彦,胡小文.企业"扎堆"、技术升级与经济绩效——开发区集 聚效应的实证分析[J].经济研究,2008(5):33-46.

[149] 郑新业,王晗,赵益卓."省直管县"能促进经济增长吗?——双重差分方法 [J].管理世界,2011(8):34-44.

[150] 朱希伟,金祥荣,罗德明,等.国内市场分割与中国的出口贸易扩张[J].经 济研究,2005(12):68-76.

[151] 邹一南.户籍改革的路径误区与政策选择[J].经济学家,2018(9):88-97.

[152] 左大培.外资企业税收优惠的非效率性[J].经济研究,2000(5):21-30.

附录A　第四章相关数学推导

一、理论模型的数学推导

1. 国有煤炭企业存活生产率φ_{s0}^*的存在性和唯一性

证明：由第四章的方程(4-9)和(4-10)可以得到以下方程：

$$\xi\left(\varphi_{s0}^*\right) \equiv \left[1 - G\left(\varphi_{s0}^*\right)\right]\kappa\left(\varphi_{s0}^*\right)\left[f + (1 - s)F\right] - \delta f_e = 0 \tag{A.1}$$

由于$\kappa'(x) = \dfrac{\kappa(x)g(x)}{1 - G(x)} - \dfrac{(\sigma - 1)\left[\kappa(x) + 1\right]}{x}$，故将$\xi\left(\varphi_{s0}^*\right)$关于$\varphi_{s0}^*$求导，得出：

$$\xi'\left(\varphi_{s0}^*\right) = -\frac{(\sigma - 1)}{\varphi_{s0}^*}\left[1 - G\left(\varphi_{s0}^*\right)\right]\left[\kappa\left(\varphi_{s0}^*\right) + 1\right]\left[f + (1 - s)F\right] < 0$$

进一步地，容易证明$\lim\limits_{\varphi_{s0}^* \to 0}\xi\left(\varphi_{s0}^*\right) = +\infty$以及$\lim\limits_{\varphi_{s0}^* \to +\infty}\xi\left(\varphi_{s0}^*\right) = -\delta f_e$成立。因此，必存在唯一解$\varphi_{s0}^* \in (0, +\infty)$，满足$\xi\left(\varphi_{s0}^*\right) = 0$。

2. 国有煤炭企业生产率φ_{s0}^*的比较静态分析

证明：记$j(\varphi) = \left[1 - G(\varphi)\right]\kappa(\varphi)$，容易证明有$j(\varphi) > 0$，且$j'(\varphi) < 0$，$\forall x \in (0, +\infty)$成立。方程(A.1)可以改写为：

$$j\left(\varphi_{s0}^*\right)\left[f + (1 - s)F\right] = \delta f_e \tag{A.2}$$

将(A.2)式分别关于s、f、F求导，整理可得：

$$\frac{\partial \varphi_{s0}^*}{\partial s} = \frac{Fj\left(\varphi_{s0}^*\right)}{\left[f + (1 - s)F\right]j'\left(\varphi_{s0}^*\right)} < 0$$

$$\frac{\partial \varphi_{s0}^*}{\partial f} = \frac{-j\left(\varphi_{s0}^*\right)}{\left[f + (1 - s)F\right]j'\left(\varphi_{s0}^*\right)} > 0$$

$$\frac{\partial \varphi_{s0}^*}{\partial F} = \frac{-(1-s)\, j\left(\varphi_{s0}^*\right)}{\left[f+(1-s)F\right] j'\left(\varphi_{s0}^*\right)} > 0$$

3. 民营煤炭企业存活生产率φ_{p0}^*的存在性和唯一性

证明：由第四章的方程（4-21）和（4-22）可以得到以下方程：

$$\eta\left(\varphi_{p0}^*\right) \equiv \left[1-G\left(\varphi_{p0}^*\right)\right]\kappa\left(\varphi_{p0}^*\right)(f+c) + \left[1-G\left(\lambda_{p0}\varphi_{p0}^*\right)\right]\kappa\left(\lambda_{p0}\varphi_{p0}^*\right)(F-c) -$$

$$\delta f_e = 0 \tag{A.3}$$

与φ_{s0}^*的存在性及唯一性证明方法类似，可证存在唯一的φ_{p0}^*。

4. 民营煤炭企业生产率φ_{p0}^*与φ_{p}^+的比较静态分析

证明：根据隐函数定理，由（A.3）式可得：

$$\frac{\partial \varphi_{p0}^*}{\partial c} = -\frac{\partial \eta\left(\varphi_{p0}^*\right)\big/\partial c}{\partial \eta\left(\varphi_{p0}^*\right)\big/\partial \varphi_{p0}^*}$$

$$= \frac{\varphi_{p0}^*\left\{\left[1-G\left(\varphi_{p0}^*\right)\right]\kappa\left(\varphi_{p0}^*\right)(f+c) + \left[1-G\left(\lambda_{p0}\varphi_{p0}^*\right)\right]\kappa\left(\lambda_{p0}\varphi_{p0}^*\right)(F-c) + \left[1-G\left(\lambda_{p0}\varphi_{p0}^*\right)\right](F+f)\right\}}{(\sigma-1)(f+c)\left\{\left[1-G\left(\varphi_{p0}^*\right)\right]\left[\kappa\left(\varphi_{p0}^*\right)+1\right](f+c) + \left[1-G\left(\lambda_{p0}\varphi_{p0}^*\right)\right]\left[\kappa\left(\lambda_{p0}\varphi_{p0}^*\right)+1\right](F-c)\right\}} > 0$$

$$\frac{\partial \varphi_{p0}^*}{\partial \theta} = -\frac{\partial \eta\left(\varphi_{p0}^*\right)\big/\partial \theta}{\partial \eta\left(\varphi_{p0}^*\right)\big/\partial \varphi_{p0}^*}$$

$$= \frac{\varphi_{p0}^*(1-\theta)^{-6}}{\left[(1-\theta)^{1-6}-1\right]}\frac{\left[1-G\left(\lambda_{p0}\varphi_{p0}^*\right)\right]\left[\kappa\left(\lambda_{p0}\varphi_{p0}^*\right)+1\right](F-c)}{\left[1-G\left(\varphi_{p0}^*\right)\right]\left[\kappa\left(\varphi_{p0}^*\right)+1\right](f+c) + \left[1-G\left(\lambda_{p0}\varphi_{p0}^*\right)\right]\left[\kappa\left(\lambda_{p0}\varphi_{p0}^*\right)+1\right](F-c)} > 0$$

$$\frac{\partial \varphi_{p0}^*}{\partial f} = -\frac{\partial \eta\left(\varphi_{p0}^*\right)\big/\partial f}{\partial \eta\left(\varphi_{p0}^*\right)\big/\partial \varphi_{p0}^*}$$

$$= \frac{\varphi_{p0}^*\left[1-G\left(\varphi_{p0}^*\right)\right]\kappa\left(\varphi_{p0}^*\right)}{(\sigma-1)\left\{\left[1-G\left(\varphi_{p0}^*\right)\right]\left[\kappa\left(\varphi_{p0}^*\right)+1\right](f+c) + \left[1-G\left(\lambda_{p0}\varphi_{p0}^*\right)\right]\left[\kappa\left(\lambda_{p0}\varphi_{p0}^*\right)+1\right](F-c)\right\}} > 0$$

$$\frac{\partial \varphi_{p0}^*}{\partial F} = -\frac{\partial \eta\left(\varphi_{p0}^*\right)\big/\partial F}{\partial \eta\left(\varphi_{p0}^*\right)\big/\partial \varphi_{p0}^*}$$

$$= -\frac{\varphi_{p0}^*\left[1-G\left(\lambda_{p0}\varphi_{p0}^*\right)\right]\left[\kappa\left(\lambda_{p0}\varphi_{p0}^*\right)+1\right]}{(\sigma-1)\left\{\left[1-G\left(\varphi_{p0}^*\right)\right]\left[\kappa\left(\varphi_{p0}^*\right)+1\right](f+c) + \left[1-G\left(\lambda_{p0}\varphi_{p0}^*\right)\right]\left[\kappa\left(\lambda_{p0}\varphi_{p0}^*\right)+1\right](F-c)\right\}} < 0$$

由于 $\varphi_{p0}^+ = \lambda_{p0}\varphi_{p0}^*$，进一步可得：

$$\frac{\partial \varphi_{p0}^+}{\partial c} = \varphi_{p0}^* \frac{\partial \lambda_{p0}}{\partial c} + \lambda_{p0}\frac{\partial \varphi_{p0}^*}{\partial c} = \frac{\varphi_{p0}^+}{(\sigma-1)(f+c)}$$

$$\left\{ \frac{\left[1-G\left(\varphi_{p0}^*\right)\right]\kappa\left(\varphi_{p0}^*\right)(f+c)+\left[1-G\left(\lambda_{p0}\varphi_{p0}^*\right)\right]\kappa\left(\lambda_{p0}\varphi_{p0}^*\right)(F-c)+\left[1-G\left(\lambda_{p0}\varphi_{p0}^*\right)\right](F+f)}{\left[1-G\left(\varphi_{p0}^*\right)\right]\left[\kappa\left(\varphi_{p0}^*\right)+1\right](f+c)+\left[1-G\left(\lambda_{p0}\varphi_{p0}^*\right)\right]\left[\kappa\left(\lambda_{p0}\varphi_{p0}^*\right)+1\right](F-c)} - \frac{F+f}{F-c} \right\} < 0$$

$$\frac{\partial \varphi_{p0}^+}{\partial \theta} = \varphi_{p0}^* \frac{\partial \lambda_{p0}}{\partial \theta} + \lambda_{p0}\frac{\partial \varphi_{p0}^*}{\partial \theta}$$

$$= -\frac{\lambda_{p0}\varphi_{p0}^*(1-\theta)^{-\sigma}}{\left[(1-\theta)^{1-\sigma}-1\right]}\frac{\left[1-G\left(\varphi_{p0}^*\right)\right]\left[\kappa\left(\varphi_{p0}^*\right)+1\right](f+c)}{\left[1-G\left(\varphi_{p0}^*\right)\right]\left[\kappa\left(\varphi_{p0}^*\right)+1\right](f+c)+\left[1-G\left(\lambda_{p0}\varphi_{p0}^*\right)\right]\left[\kappa\left(\lambda_{p0}\varphi_{p0}^*\right)+1\right](F-c)} < 0$$

$$\frac{\partial \varphi_{p0}^+}{\partial f} = \varphi_{p0}^* \frac{\partial \lambda_{p0}}{\partial f} + \lambda_{p0}\frac{\partial \varphi_{p0}^*}{\partial f}$$

$$= -\frac{\lambda_{p0}\varphi_{p0}^*}{\sigma-1}\left\{ \frac{1}{f+c} - \frac{\left[1-G\left(\varphi_{p0}^*\right)\right]\kappa\left(\varphi_{p0}^*\right)}{\left[1-G\left(\varphi_{p0}^*\right)\right]\left[\kappa\left(\varphi_{p0}^*\right)+1\right](f+c)+\left[1-G\left(\lambda_{p0}\varphi_{p0}^*\right)\right]\left[\kappa\left(\lambda_{p0}\varphi_{p0}^*\right)+1\right](F-c)} \right\} < 0$$

$$\frac{\partial \varphi_{p0}^+}{\partial F} = \varphi_{p0}^* \frac{\partial \lambda_{p0}}{\partial F} + \lambda_{p0}\frac{\partial \varphi_{p0}^*}{\partial F}$$

$$= \frac{\lambda_{p0}\varphi_{p0}^*}{\sigma-1}\left\{ \frac{1}{F-c} - \frac{\left[1-G\left(\lambda_{p0}\varphi_{p0}^*\right)\right]\left[\kappa\left(\lambda_{p0}\varphi_{p0}^*\right)+1\right]}{\left[1-G\left(\varphi_{p0}^*\right)\right]\left[\kappa\left(\varphi_{p0}^*\right)+1\right](f+c)+\left[1-G\left(\lambda_{p0}\varphi_{p0}^*\right)\right]\left[\kappa\left(\lambda_{p0}\varphi_{p0}^*\right)+1\right](F-c)} \right\} > 0$$

5. 国有煤炭企业存活生产率 φ_{s2}^* 的存在性和唯一性

证明：不存在补贴政策下，由国有煤炭企业的零利润条件及自由进出条件可以得到以下方程：

$$\mu\left(\varphi_{s2}^*\right) \equiv \left[1-G\left(\varphi_{s2}^*\right)\right]\kappa\left(\varphi_{s2}^*\right)[f+F] - \delta f_e = 0 \tag{A.4}$$

与 φ_{s0}^* 的存在性及唯一性证明方法类似可证存在唯一的 φ_{s2}^*。

6. 证明 $\varphi_{p1}^* > \varphi_{p0}^*$

证明：由于 $\varphi_{p0}^+ = \lambda_{p0}\varphi_{p0}^* > \varphi_{p0}^*$，故 $j\left(\varphi_{p0}^+\right) < j\left(\varphi_{p0}^*\right)$，即

$$\left[1-G\left(\lambda_{p0}\varphi_{p0}^*\right)\right]\kappa\left(\lambda_{p0}\varphi_{p0}^*\right) < \left[1-G\left(\varphi_{p0}^*\right)\right]\kappa\left(\varphi_{p0}^*\right) \tag{A.5}$$

将 (A.5) 式两边同乘以 $(F-c)$，并代入方程 (A.3)，整理可得：

$$\left[1 - G\left(\varphi_{p0}^*\right)\right]\kappa\left(\varphi_{p0}^*\right)\left(f + F\right) - \delta f_e > 0 \qquad (A.6)$$

比较不等式（A.6）与方程（A.4），得到：

$$\left[1 - G\left(\varphi_{p1}^*\right)\right]\kappa\left(\varphi_{p1}^*\right) = \left[1 - G\left(\varphi_{s2}^*\right)\right]\kappa\left(\varphi_{s2}^*\right) < \left[1 - G\left(\varphi_{p0}^*\right)\right]\kappa\left(\varphi_{p0}^*\right)$$

故有 $\varphi_{p1}^* > \varphi_{p0}^*$。

7. 证明 $\varphi_{p0}^+ > \varphi_{p1}^* = \varphi_{s=0}^* > \varphi_{p0}^* > \varphi_{s=1}^*$ 成立

（1）证明 $\varphi_{p0}^+ > \varphi_{p1}^*$

将不等式（A.5）两边同乘以 $(f + c)$，并代入方程（A.3），整理可得：

$$\left[1 - G\left(\lambda_{p0}\varphi_{p0}^*\right)\right]\kappa\left(\lambda_{p0}\varphi_{p0}^*\right)\left(f + F\right) - \delta f_e < 0 \qquad (A.7)$$

比较不等式（A.7）与方程（A.4），得到：

$$\left[1 - G\left(\lambda_{p0}\varphi_{p0}^*\right)\right]\kappa\left(\lambda_{p0}\varphi_{p0}^*\right) < \left[1 - G\left(\varphi_{s2}^*\right)\right]\kappa\left(\varphi_{s2}^*\right) = \left[1 - G\left(\varphi_{p1}^*\right)\right]\kappa\left(\varphi_{p1}^*\right)$$

故有 $\varphi_{p0}^+ > \varphi_{p1}^*$。

（2）证明 $\varphi_{p1}^* = \varphi_{s=0}^*$

记 $\varphi_{s=0}^* = \lim_{s \to 0} \varphi_s^*$，$\varphi_{s=1}^* = \lim_{s \to 1} \varphi_s^*$ 分别为 $s=0, 1$ 时国有煤炭企业的存活生产率水平。那么当 $s = 0$ 时，方程（A.2）变为：

$$\xi\left(\varphi_{s=0}^*\right) \equiv \left[1 - G\left(\varphi_{s=0}^*\right)\right]\kappa\left(\varphi_{s=0}^*\right)\left[f + F\right] - \delta f_e = 0 \qquad (A.8)$$

比较方程（A.8）和（A.4），可得 $\varphi_{p1}^* = \varphi_{s=0}^*$。

（3）证明 $\varphi_{s=0}^* > \varphi_{p0}^*$

由于已证得 $\varphi_{p1}^* > \varphi_{p0}^*$，又因为 $\varphi_{p1}^* = \varphi_{s=0}^*$，故 $\varphi_{s=0}^* > \varphi_{p0}^*$。

（4）证明 $\varphi_{p0}^* > \varphi_{s=1}^*$

当 $s = 1$ 时，方程（A.2）变为：

$$\xi\left(\varphi_{s=1}^*\right) \equiv \left[1 - G\left(\varphi_{s=1}^*\right)\right]\kappa\left(\varphi_{s=1}^*\right) f - \delta f_e = 0 \qquad (A.9)$$

由于 $\left[1 - G\left(\varphi_{p0}^*\right)\right]\kappa\left(\varphi_{p0}^*\right) c > 0$ 且 $\left[1 - G\left(\lambda_{p0}\varphi_{p0}^*\right)\right]\kappa\left(\lambda_{p0}\varphi_{p0}^*\right)(F - c) > 0$，故从（A.3）式可得：

$$\left[1 - G\left(\varphi_{p0}^*\right)\right]\kappa\left(\varphi_{p0}^*\right) f - \delta f_e < 0 \qquad （A.10）$$

比较不等式（A.9）与方程（A.10），得到：

$$\left[1-G\left(\varphi_{p0}^{*}\right)\right]\kappa\left(\varphi_{p0}^{*}\right)<\left[1-G\left(\varphi_{s=1}^{*}\right)\right]\kappa\left(\varphi_{s=1}^{*}\right)$$

从而有 $\varphi_{p0}^{*}>\varphi_{s=1}^{*}$ 成立。

综上可得：$\varphi_{p0}^{+}>\varphi_{p1}^{*}=\varphi_{s=0}^{*}>\varphi_{p0}^{*}>\varphi_{s=1}^{*}$。

二、政策模拟的数学推导

1. 各阶段社会福利*SW*的具体表达式

（1）存在国有补贴与政企合谋

$$SW_0=\frac{R_0}{\left(Q_{p0}^{c}\right)^{\alpha}P_0}$$

其中 $R_0=L-sM_{s0}F$[①]，$Q_{p0}^{c}=1+\int_{\varphi_{p0}^{*}}^{\varphi_{p0}^{+}}q_{p0}^{c}\left(\varphi\right)M_{p0}\dfrac{g\left(\varphi\right)}{1-G\left(\varphi_{p0}^{*}\right)}d\varphi$[②]，$P_0=$

$[\int_{\varphi_{p0}^{*}}^{\varphi_{p0}^{+}}p_{p0}^{c}\left(\varphi\right)^{1-\sigma}M_{p0}\dfrac{g\left(\varphi\right)}{1-G\left(\varphi_{p0}^{*}\right)}d\varphi+\int_{\varphi_{p0}^{+}}^{+\infty}p_{p0}^{F}\left(\varphi\right)^{1-\sigma}M_{p0}\dfrac{g\left(\varphi\right)}{1-G\left(\varphi_{p0}^{*}\right)}d\varphi+$

$\int_{\varphi_{s0}^{*}}^{+\infty}p_{s0}\left(\varphi\right)^{1-\sigma}M_{s0}\dfrac{g\left(\varphi\right)}{1-G\left(\varphi_{s0}^{*}\right)}d\varphi]^{\frac{1}{1-\sigma}}$。式子中 M_{s0} 和 M_{p0} 分别表示国有煤炭企

业和民营煤炭企业的数量，$M_{p0}=R_{p0}/\bar{r}_{p0}$，其中 $R_{p0}=L_{p0}=L-sM_{s0}F-L_s$，

$\bar{r}_{p0}=\int_{\varphi_{p0}^{*}}^{\varphi_{p0}^{+}}r_{p0}^{c}\left(\varphi\right)\dfrac{g\left(\varphi\right)}{1-G\left(\varphi_{p0}^{*}\right)}d\varphi+\int_{\varphi_{p0}^{+}}^{+\infty}r_{p0}^{F}\left(\varphi\right)\dfrac{g\left(\varphi\right)}{1-G\left(\varphi_{p0}^{*}\right)}d\varphi=$

$\sigma\left[\overline{\pi}_{p0}+f+c\dfrac{G\left(\varphi_{p0}^{+}\right)-G\left(\varphi_{p0}^{*}\right)}{1-G\left(\varphi_{p0}^{*}\right)}+F\dfrac{1-G\left(\varphi_{p0}^{+}\right)}{1-G\left(\varphi_{p0}^{*}\right)}\right]$；$M_{s0}=R_{s0}/\bar{r}_{s0}$，其中 $R_{s0}=$

$L_{s0}=L_s$，$\bar{r}_{s0}=\sigma\left[\overline{\pi}_{s0}+f+\left(1-s\right)F\right]$。

---

① 假定国家用于国有煤炭企业补贴的资金都来源于政府向消费者征税，故全社会的消费者可支配收入等于禀赋收入减去用于国有煤炭企业的补贴。

② 为保证分母不为零，当不存在政企合谋时，假定 $Q_{pi}^{c}=1$。为保证各阶段社会福利计算的一致性，数值模拟部分计算存在政企合谋时的民营落后总产量也在原来基础上加1。

（2）存在国有补贴，但无政企合谋

$$SW_1 = \frac{R_1}{\left(Q_{p1}^c\right)^\alpha P_1}$$

其中 $R_1 = L - sM_{s1}F$，$Q_{p1}^c = 1$，

$$P_1 = \left[\int_{\varphi_{p1}^*}^{+\infty} p_{p1}(\varphi)^{1-\sigma} M_{p1} \frac{g(\varphi)}{1-G(\varphi_{p1}^*)} d\varphi + \int_{\varphi_{s1}^*}^{+\infty} p_{s1}(\varphi)^{1-\sigma} M_{s1} \frac{g(\varphi)}{1-G(\varphi_{s1}^*)} d\varphi\right]^{\frac{1}{1-\sigma}}。$$

式中 M_{p1} 和 M_{s1} 分别表示存在国有补贴但无政企合谋下民营煤炭企业和国有煤炭企业的数量，且 $\varphi_{s1}^* = \varphi_{s0}^*$。进一步地，$M_{p1} = R_{p1}/\bar{r}_{p1}$，其中 $R_{p1} = L_{p1} = L - sM_{s1}F - L_s$，$\bar{r}_{p1} = \sigma(\overline{\pi}_{p1} + f + F)$；$M_{s1} = M_{s0}$。

（3）存在政企合谋，但无国有补贴

$$SW_2 = \frac{R_2}{\left(Q_{p2}^c\right)^\alpha P_2}$$

其中 $R_2 = L$，$Q_{p2}^c = 1 + \int_{\varphi_{p2}^*}^{\varphi_{p2}^+} q_{p2}^c(\varphi) M_{p2} \frac{g(\varphi)}{1-G(\varphi_{p2}^*)} d\varphi$，

$$P_2 = \left[\int_{\varphi_{p2}^*}^{\varphi_{p2}^+} p_{p2}^c(\varphi)^{1-\sigma} M_{p2} \frac{g(\varphi)}{1-G(\varphi_{p2}^*)} d\varphi + \int_{\varphi_{p2}^+}^{+\infty} p_{p2}^F(\varphi)^{1-\sigma} M_{p2} \frac{g(\varphi)}{1-G(\varphi_{p2}^*)} d\varphi + \right.$$

$$\left.\int_{\varphi_{s2}^*}^{+\infty} p_{s2}(\varphi)^{1-\sigma} M_{s2} \frac{g(\varphi)}{1-G(\varphi_{s2}^*)} d\varphi\right]^{\frac{1}{1-\sigma}}。$$ 式中 M_{p2} 和 M_{s2} 分别表示存在政企合谋但无国有补贴情形下民营煤炭企业和国有煤炭企业的数量，且 $\varphi_{p2}^* = \varphi_{p0}^*$。$M_{p2} = R_{p2}/\bar{r}_{p2}$，其中 $R_{p2} = L_{p2} = L - L_s$，$\bar{r}_{p2} = \bar{r}_{p0}$；$M_{s2} = R_{s2}/\bar{r}_{s2}$，其中 $R_{s2} = L_{s2} = L_s$，$\bar{r}_{s2} = \sigma(\bar{\pi}_{s2} + f + F)$。

（4）既无政企合谋，也无国有补贴

$$SW_3 = \frac{R_3}{\left(Q_{p3}^c\right)^\alpha P_3}$$

其中 $R_3 = L$，$Q_{p3}^c = 1$，$P_3 = \left[\int_{\varphi_3^*}^{+\infty} p_3(\varphi)^{1-\sigma} M_3 \frac{g(\varphi)}{1-G(\varphi_3^*)} d\varphi\right]^{\frac{1}{1-\sigma}}$，式子中

M_3 表示整个社会既无政企合谋也无国有补贴下的煤炭企业数量。打破政企合谋并取消国有补贴的情形下，市场上所有煤炭企业都用自有资金购买安全生产设备，所有煤炭企业同质，产品价格 $p_3(\varphi) = 1/\rho\varphi$。均衡时，企业的存活生产率 $\varphi_3^* = \varphi_{p1}^*$，企业数量 $M_3 = L/\bar{r}_3 = L/\left[\sigma\left(\bar{\pi}_3 + f + F\right)\right]$，其中 $\bar{\pi}_3 = \bar{\pi}_{p1}$。

附录 B　第四章程序附录

1.求解：国有僵尸煤炭企业存活生产率

%设立求解国有僵尸煤炭企业存活生产率（u）的非线性方程 f1（x）

function y=f1（d）

global mean sd L fe fc Ls F theta delta s alpha sigma rho

syms x u

g=exp(−(x−mean)^2/(2*sd*sd))/(sd*sqrt(2*pi))；

y=(fc+(1−s)*F)*int(x^(sigma−1)*g,u,inf)/(u^(sigma−1))−(fc+(1−s)

*F)*int(g,u,inf)−delta*fe；

end

%求解方程 f1（x）的偏导数

function dy=df1（d）

global mean sd L fe fc Ls F theta delta s alpha sigma rho

syms x u

g=exp(−(x−mean)^2/(2*sd*sd))/(sd*sqrt(2*pi))；

y=(fc+(1−s)*F)*int(x^(sigma−1)*g,u,inf)/(u^(sigma−1))−(fc+(1−s)

*F)*int(g,u,inf)−delta*fe；

dy=diff(y,u)；

end

%牛顿法（Newton's method）求解非线性方程 f1(x)的主程序

n=1；u=4；del=1e−6；

while abs(eval(f1(u))/eval(df1(u)))>=del

```
u=u-eval(f1(u))/eval(df1(u));

n=n+1;

if n>=1000

    break;

end;

end;

sol=u;

    display(['The solution is' num2str(sol)]);

    display(['At u=' num2str(sol)]);

    display(['Converged after' num2str(n)'interations']);
```

2.求解：民营煤炭企业存活生产率、技术无差异生产率及"保护费"

%参数赋值

%对数正态分布的均值 mean，对数正态分布的标准差 sd，市场规模 L，进入成本 fe，每期固定成本 fc，国有煤炭企业劳动力供给总数 Ls，先进设备支出 F，伤亡率 theta，退出率 delta，补贴率 s，对肮脏生产的厌恶程度 alpha，替代弹性 sigma，替代弹性逆指数 rho。

```
function f=f2(x)

x1=x(1);x2=x(2);x3=x(3);

global mean sd L fe fc Ls F theta delta s alpha sigma rho
```

%基准模型

```
mean=7.34; sd=1.08; L=4000; fe=0.18; fc=0.01; Ls=2900; F=0.06;
theta=0.08; delta=0.17; s=0.8; alpha=0.01; sigma=8; rho=0.875;
```

%设立求解民营煤炭企业存活生产率（m）、技术无差异生产率（a）及"保护费"（h）的三个联立方程

```
syms x m a h;

g=exp(-(x-mean)^2/(2*sd*sd))/(sd*sqrt(2*pi));
```

```
g1=(fc+h)*(int(x^(sigma-1)*g,m,inf)/(m^(sigma-1))-int(g,m,inf))+
(F-h)*(int(x^(sigma-1)*g,a,inf)/(a^(sigma-1))-int(g,a,inf))-delta*fe;
    f(1)=subs(g1,{m,a,h},{x1,x2,x3});
      g2=(a/m)^(sigma-1)-(F-h)/(((1-theta)^(1-sigma)-1)*(fc+h));
    f(2)=subs(g2,{m,a,h},{x1,x2,x3});
      g3=int(g,m,a)/int(g,m,inf)-0.7;
    f(3)=subs(g3,{m,a,h},{x1,x2,x3});
      f=[f(1);f(2);f(3)];
end
%求解非线性方程组 f2(x)的雅克比矩阵
function f=df2(x)
        n=length(x);
        f=zeros(n,n);
x4=x;  h=0.001;
   for i=1:n
 x4(i)=x(i)+h;
 f(:,i)=(f2(x4)-f2(x))/h;
  x4(i)=x(i);
end
%牛顿法（Newton's method）求解非线性方程组 f2(x)
function v=newton1(x0,f,df,del)
        x=x0-vpa(df(x0)\f(x0));
        n=1;
while norm(x-x0)>=del
x0=x;x=x0-df(x0)\f(x0);n=n+1;
if n>=10000 break
end
```

end

vpa(x,5)

n

end

%调用牛顿法（Newton's method）求解非线性方程组 f2(x)的主程序

newton1([6;8;0.001],@f2,@df2,1.e-6)

3.求解:国有安全清洁产能煤炭企业存活生产率

%设立求解国有安全清洁产能煤炭企业存活生产率(k)的非线性方程 f3(x)

function y=f3(d)

global mean sd L fe fc Ls F theta delta s alpha sigma rho

syms x k

g=exp(-(x-mean)^2/(2*sd*sd))/(sd*sqrt(2*pi));

y=(fc+F)*int(x^(sigma-1)*g,k,inf)/(k^(sigma-1))-(fc+F)*int(g,k,inf)-delta*fe;

end

%求解方程 f3(x)的偏导数

function dy=df3(d)

global mean sd L fe fc Ls F theta delta s alpha sigma rho

syms x k

g=exp(-(x-mean)^2/(2*sd*sd))/(sd*sqrt(2*pi));

y=(fc+F)*int(x^(sigma-1)*g,k,inf)/(k^(sigma-1))-(fc+F)*int(g,k,inf)-delta*fe;

dy=diff(y,k);

end

%牛顿法（Newton's method）求解非线性方程 f3(x)的主程序

```
n=1; k=4; del=1e-6;
while abs(eval(f3(k))/eval(df3(k)))>=del
    k=k-eval(f3(k))/eval(df3(k));
    n=n+1;
  if n>=1000
      break;
    end;
end;
sol=k;
    display(['The solution is' num2str(sol)]);
    display(['At k=' num2str(sol) ]);
    display(['Converged after' num2str(n) ' interations']);
```

4. 模型校准：

```
%基准模型
%加载煤炭企业销售收入和利润等相关数据
load('overcapacitydatum.mat')
xssr=datummt(:,4);
yylr=datummt(:,2);
gydummy=datummt(:,5);
mydummy=datummt(:,6);
tfp_lp=datummt(:,7);
n=length(tfp_lp);
%调用计算煤炭企业销售收入和利润的核心参数
mean=7.34; sd=1.08; L=4000; fe=0.18; fc=0.01; Ls=2900; F=0.06;
theta=0.08; delta=0.17; s=0.8; alpha=0.01; sigma=8; rho=0.875;
syms x m a h k u
```

168

```
u=6.9414;k=7.6747;m=7.0356;a=8.3151;h=0.0097;
g=exp(-(x-mean)^2/(2*sd*sd))/(sd*sqrt(2*pi));
Ms0=vpa(Ls/(sigma*(delta*fe/int(g,u,inf)+fc+(1-s)*F)),5);
Mp0=vpa((L-s*Ms0*F-Ls)/(sigma*(delta*fe/int(g,m,inf)+fc+h*int(g,
m,a)/int(g,m,inf)+F*int(g,a,inf)/int(g,m,inf))));
wj0=vpa((Ms0*rho^(sigma-1)*int(x^(sigma-1)*g,u,inf)/int(g,u,inf)+
rho^(sigma-1)*(1-theta)^(sigma-1)*Mp0*int(x^(sigma-1)*g,m,a)/int(g,m,
inf)+rho^(sigma-1)*Mp0*int(x^(sigma-1)*g,a,inf)/int(g,m,inf))^(1/(1-sig-
ma)));
R0=vpa(L-s*Ms0*F,5);
Ms0=double(Ms0);
Mp0=double(Mp0);
wj0=double(wj0);
R0=double(R0);
%计算煤炭企业销售收入和利润的拟合值
xssrnh=tfp_lp.^7*R0*(wj0*rho)^(sigma-1);
for i=1:n
if tfp_lp(i)<8.3151&mydummy(i)==1
  xssrnh(i)=tfp_lp(i)^7*R0*(wj0*rho*(1-theta))^(sigma-1);
else
  xssrnh(i)=tfp_lp(i)^7*R0*(wj0*rho)^(sigma-1);
end
end

yylrnh=xssrnh./8-fc-(1-s)*F;
for i=1:n
if tfp_lp(i)<8.3151&mydummy(i)==1
```

```
    yylrnh(i)=xssrnh(i)/8-fc-h;
elseif tfp_lp(i)>=8.3151&mydummy(i)==1
        yylrnh(i)=xssrnh(i)/8-fc-F;
end
end


yylr1=yylr;
for i=1:n
if yylr(i)<=0
yylr1(i)=NaN;
else
yylr1(i)=yylr(i);
end
end


yylrnh1=yylrnh;
for i=1:n
if yylrnh(i)<=0
yylrnh1(i)=NaN;
else
yylrnh1(i)=yylrnh(i);
end
end


%为与真实值比较,将销售收入和利润的拟合值单位统一成千元
xssrnhqy=100000*xssrnh;
yylrnhqy=100000*yylrnh1;
```

%表 4-2 销售收入和利润（取对数）真实值与校准值的比较

lnxssrzs=reallog(xssr);

lnyylrzs=reallog(yylr1);

lnyylrzs(isnan(lnyylrzs))=[];

lnxssrnh=reallog(xssrnhqy);

lnyylrnh=reallog(yylrnhqy);

lnyylrnh(isnan(lnyylrnh))=[];

lnxssrzs_p25=prctile(lnxssrzs,25)

lnxssrzs_p50=prctile(lnxssrzs,50)

lnxssrzs_p75=prctile(lnxssrzs,75)

lnxssrzs_std=std(lnxssrzs)

lnyylrzs_p25=prctile(lnyylrzs,25)

lnyylrzs_p50=prctile(lnyylrzs,50)

lnyylrzs_p75=prctile(lnyylrzs,75)

lnyylrzs_std=std(lnyylrzs)

lnxssrnh_p25=prctile(lnxssrnh,25)

lnxssrnh_p50=prctile(lnxssrnh,50)

lnxssrnh_p75=prctile(lnxssrnh,75)

lnxssrnh_std=std(lnxssrnh)

lnyylrnh_p25=prctile(lnyylrnh,25)

lnyylrnh_p50=prctile(lnyylrnh,50)

lnyylrnh_p75=prctile(lnyylrnh,75)

lnyylrnh_std=std(lnyylrnh)

A=〔lnxssrzs_p25，lnxssrzs_p50，lnxssrzs_p75，lnxssrzs_std，lnyylrzs_p25，lnyylrzs_p50，lnyylrzs_p75，lnyylrzs_std；lnxssrnh_p25，lnxssrnh_p50，lnxss-rnh_p75，lnxssrnh_std，lnyylrnh_p25，lnyylrnh_p50，lnyylrnh_p75，lnyyl-rnh_std〕；

xlswrite（'C:\Users\lushen08\Desktop\jzmx.xls'，A）

%绘制图4-6(a)全样本煤炭企业利润分布：数据与模型

yylryy1=yylr1/100000；

lnyylr_yy_zs=reallog（yylryy1）；

lnyylr_yy_nh=reallog（yylrnh1）；

〔lr_qb_ecdf,lr_qb_x〕=ecdf（lnyylr_yy_zs）；

figure；

ecdfhist（lr_qb_ecdf,lr_qb_x,25）；

a=findobj（gca,'Type','patch'）；

set（a,'FaceColor',〔0.83,0.82,0.78〕）；

hold on；

〔lr_qb_ks，lr_qb_ks_x〕=ksdensity（lnyylr_yy_nh,'kernel','normal','width',0.6）；

plot（lr_qb_ks_x,lr_qb_ks,'black','linewidth',1.5）

axis（〔-15 5 0 0.35〕）

set（gca,'xtick',〔-15 -10 -5 0 5〕,'FontSize',10）；

set（gca,'ytick',〔0 0.1 0.2 0.3 0.4〕,'FontSize',10）；

set（gcf,'color','white'）；

set（gca,'position',〔0.05 0.08 0.92 0.90〕）；

set（gca,'linewidth',1）；

box off；

%绘制图4-6(b)国有煤炭企业利润分布：数据与模型

```
gy_lnyylr_yy_zs=lnyylr_yy_zs;

for i=1:n

if gydummy(i)==0

  gy_lnyylr_yy_zs(i)=NaN;

else

  gy_lnyylr_yy_zs (i)= lnyylr_yy_zs (i);

end

end


gy_lnyylr_yy_nh=lnyylr_yy_nh;

for i=1:n

if gydummy(i)==0

  gy_lnyylr_yy_nh(i)=NaN;

else

  gy_lnyylr_yy_nh (i)= lnyylr_yy_nh (i);

end

end

[lr_gy_ecdf,lr_gy_x]=ecdf(gy_lnyylr_yy_zs);

figure;

ecdfhist(lr_gy_ecdf,lr_gy_x,25);

a=findobj(gca,'Type','patch');

set(a,'FaceColor',[0.83,0.82,0.78]);

hold on;

[lr_gy_ks, lr_gy_ks_x]=ksdensity (gy_lnyylr_yy_nh,'kernel','normal',
'width',0.6);

  plot(lr_gy_ks_x,lr_gy_ks,'black','linewidth',1.5)
```

```
axis([-15 5 0 0.35])
set(gca,'xtick',[-15 -10 -5 0 5],'FontSize',10);
set(gca,'ytick',[0 0.1 0.2 0.3 0.4],'FontSize',10);
set(gcf,'color','white');
set(gca,'position',[0.05 0.08 0.92 0.90]);
set(gca,'linewidth',1);
box off;


%绘制图 4-6（c） 民营煤炭企业利润分布：数据与模型
my_lnyylr_yy_zs=lnyylr_yy_zs;
for i=1:n
if mydummy(i)==0
  my_lnyylr_yy_zs(i)=NaN;
else
  my_lnyylr_yy_zs (i)= lnyylr_yy_zs (i);
end
end


my_lnyylr_yy_nh=lnyylr_yy_nh;
for i=1:n
if mydummy(i)==0
  my_lnyylr_yy_nh(i)=NaN;
else
  my_lnyylr_yy_nh (i)= lnyylr_yy_nh (i);
end
end
```

```
[lr_my_ecdf,lr_my_x]=ecdf(my_lnyylr_yy_zs);

figure;

ecdfhist(lr_my_ecdf,lr_my_x,25);

a=findobj(gca,'Type','patch');

set(a,'FaceColor',[0.83,0.82,0.78]);

hold on;

[lr_my_ks,lr_my_ks_x]=ksdensity(my_lnyylr_yy_nh,'kernel','normal',
'width',0.6);

plot(lr_my_ks_x,lr_my_ks,'black','linewidth',1.5)

axis([-15 5 0 0.35])

set(gca,'xtick',[-15 -10 -5 0 5],'FontSize',10);

set(gca,'ytick',[0 0.1 0.2 0.3 0.4],'FontSize',10);

set(gcf,'color','white');

set(gca,'position',[0.05 0.08 0.92 0.90]);

set(gca,'linewidth',1);

box off;
```

5.计算产能过剩企业占比及福利效应

```
global mean sd L fe fc Ls F theta delta s alpha sigma rho

syms x m a h k u ;

g=exp(-(x-mean)^2/(2*sd*sd))/(sd*sqrt(2*pi));

%基准模型

u=6.9414; k=7.6747; m=7.0356; a=8.3151; h=0.0097;

%计算存在政企合谋与国有补贴下的社会福利

Ms0=vpa(Ls/(sigma*(delta*fe/int(g,u,inf)+fc+(1-s)*F)),5);

Mp0=vpa((L-s*Ms0*F-Ls)/(sigma*(delta*fe/int(g,m,inf)+fc+h*int(g,
m,a)/int(g,m,inf)+F*int(g,a,inf)/int(g,m,inf))));
```

```
wj0=vpa((Ms0*rho^(sigma−1)*int(x^(sigma−1)*g,u,inf)/int(g,u,inf)+
rho^(sigma−1)*(1−theta)^(sigma−1)*Mp0*int(x^(sigma−1)*g,m,a)/int(g,m,
inf)+rho^(sigma−1)*Mp0*int(x^(sigma−1)*g,a,inf)/int(g,m,inf))^(1/(1−sig-
ma)));

    R0=vpa(L−s*Ms0*F,5);

    qd0=vpa((R0*rho^(sigma)*Mp0*(1−theta)^(sigma)*int(x^(sigma)*g,m,
a)/int(g,m,inf))/wj0^(1−sigma));

    Qd0=qd0+1;

    SW0=vpa(R0/(wj0*(Qd0)^(alpha)),5);

    %计算存在国有补贴，但无政企合谋下的社会福利

    Ms1=Ms0;

    Mp1=vpa((L−s*Ms1*F−Ls)/(sigma*(delta*fe/int(g,k,inf)+fc+F)));

    wj1=vpa((Ms1*rho^(sigma−1)*int(x^(sigma−1)*g,u,inf)/int(g,u,inf)+
rho^(sigma−1)*Mp1*int(x^(sigma−1)*g,k,inf)/int(g,k,inf))^(1/(1−sig-
ma)));

    R1=R0;

    Qd1=1;

    SW1=vpa(R1/(wj1*(Qd1)^(alpha)),5);

    %计算存在政企合谋，但无国有补贴下的社会福利

    Ms2=vpa(Ls/(sigma*(delta*fe/int(g,k,inf)+fc+F)),5);

    Mp2=vpa((L−Ls)/(sigma*(delta*fe/int(g,m,inf)+fc+h*int(g,m,a)/int(g,
m,inf)+F*int(g,a,inf)/ int(g,m,inf))));

    wj2=vpa((Ms2*rho^(sigma−1)*int(x^(sigma−1)*g,k,inf)/int(g,k,inf)+
rho^(sigma−1)*(1−theta)^(sigma−1)*Mp2*int(x^(sigma−1)*g,m,a)/int(g,m,
inf)+rho^(sigma−1)*Mp2*int(x^(sigma−1)*g,a,inf)/int(g,m,inf))^(1/(1−sig-
ma)));

    R2=L;
```

qd2=vpa((R2*rho^(sigma)*Mp2*(1-theta)^(sigma) *int(x^(sigma)*g,m,a)/int(g,m,inf))/wj2^(1-sigma));

Qd2=qd2+1;

SW2=vpa(R2/(wj2*(Qd2)^(alpha)),5);

%计算既无政企合谋，也无国有补贴下的社会福利

M3=L/(sigma*(delta*fe/int(g,k,inf)+fc+F));

wj3=vpa((M3*rho^(sigma-1)*int(x^(sigma-1)*g,k,inf)/int(g,k,inf))^(1/(1-sigma)));

R3=R2;

Qd3=1;

SW3=vpa(R3/(wj3*(Qd3)^(alpha)),5);

%计算各类煤炭企业占比，s1、s2分别表示国有僵尸煤炭企业以及国有安全清洁产能煤炭企业占国有煤炭企业总数的比例，p1、p2、p3分别表示民营落后过剩产能企业、待升级过剩产能企业以及民营安全清洁产能煤炭企业占民营煤炭企业总数的比例

s1=vpa(int(g,u,k)/int(g,u,inf),5)

s2=vpa(1-s1,5)

p1=vpa(int(g,m,k)/int(g,m,inf),5)

p2=vpa(int(g,k,a)/int(g,m,inf),5)

p3=vpa(1-p1-p2,5)

%计算不同政策路径下消费者福利变化

SW10=vpa((SW1/SW0-1)*100,5)

SW31=vpa((SW3/SW0-SW1/SW0)*100,5)

SW20=vpa((SW2/SW0-1)*100,5)

SW32=vpa((SW3/SW0-SW2/SW0)*100,5)

SW30=vpa((SW3/SW0-1)*100,5)

后 记

POSTSCRIPT

　　本书是在自己博士学位论文的基础上修改而成。回想自己在浙大的读博经历，有三位老师需要特别感谢。第一位是恩师朱希伟教授。先生治学严谨，年轻有为，为人和蔼，平易近人，是位难得的好老师。感谢朱老师带我走进浙大学习，开启人生新的篇章；感谢朱老师送我参加各种国内外会议，开阔眼界、增长见识；感谢朱老师领我攀登学术高峰，克服重重科研困难。第二位是吴意云教授。吴老师拥有非常扎实的实证研究功底，令我愁眉苦脸的实证难题总能在吴老师的谈笑风生中迎刃而解，让我佩服不已。感谢吴老师的提点与帮助，使我的实证研究能够顺利展开。第三位是罗德明教授。罗老师知识渊博，思维敏捷，常常在论文大的方向上给我豁然开朗的启示，使论文的研究方向更加清晰，研究价值更加突显。

　　此外，浙江大学的李建琴教授、陆菁教授、叶航教授、蒋岳祥教授、马述忠教授、曹正汉教授、潘士远教授、方红生教授、汪淼军教授、宋华盛教授、余林徽教授、张自斌副教授、叶建亮教授，浙江工商大学的崔远森教授、张旭昆教授、马淑琴教授，浙江理工大学的徐少君教授、郭晶教授、陈晓华教授、彭熠教授、陈斐教授、夏冠军副教授，以及西交利物浦大学何鸣老师等，均对我的科研给予过无私的帮助，在此一并致谢。当然，我也要感谢同窗好友杨永亮博士、王宁博士、余骁博士、陈航宇博士、诸竹君博士等，以及同师门刘晔博士、游勇博士、王丛聪博士、朱胡周博士等兄弟姐妹们。因为你们，我的科研之路变得不那么艰难，不那么单调。

最后，感谢我的父母及丈夫，是你们的鼓励支持，让我坚定学术之路。感谢我可爱的儿子，谢谢你天真烂漫的笑容带给我无限快乐。感谢浙江大学出版社的赵静老师为本书出版付出大量劳动。受学识所限，加之时间仓促，疏漏之处在所难免，请读者不吝批评指正。

沈璐敏
2020年冬于浙江理工大学